G 10970

La Haye
1777

Pilati di Tassulo, Carlo Antonio

Voyages en différens pays de l'Europe, en 1774, 1775 et 1776, ou Lettres écrites de l'Allemagne, de la Suisse, de l'Italie, de

Tome 1

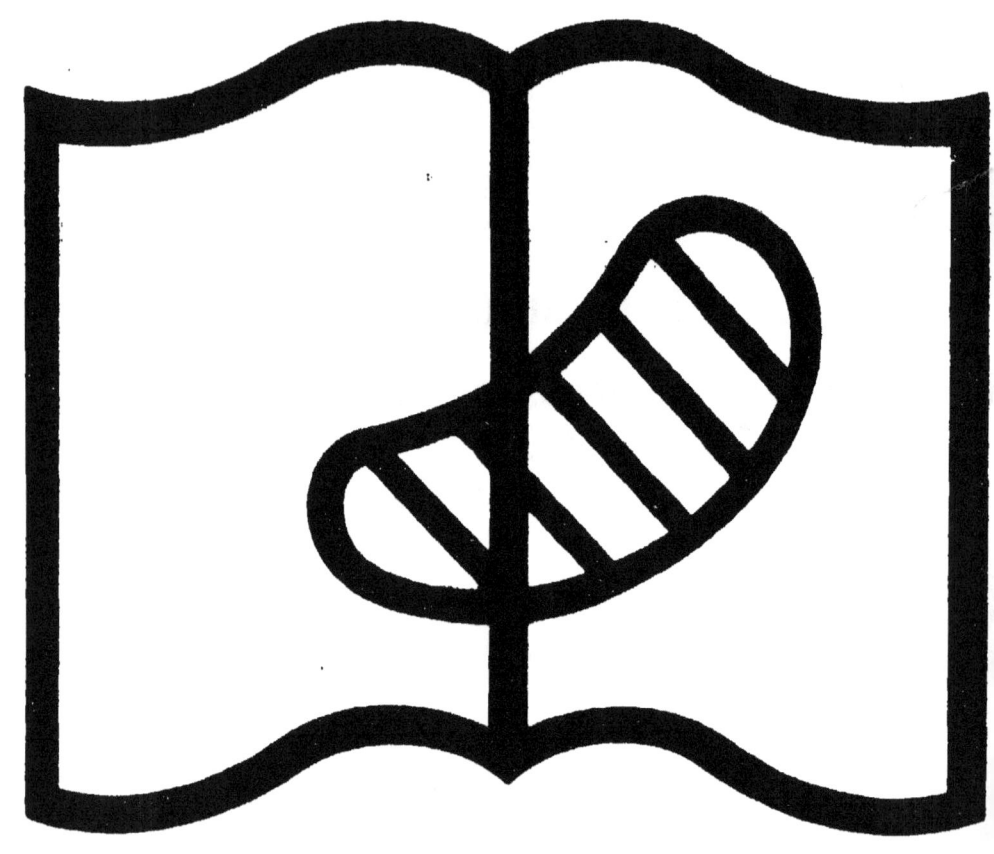

Symbole applicable
pour tout, ou partie
des documents microfilmés

Original illisible

NF Z 43-120-10

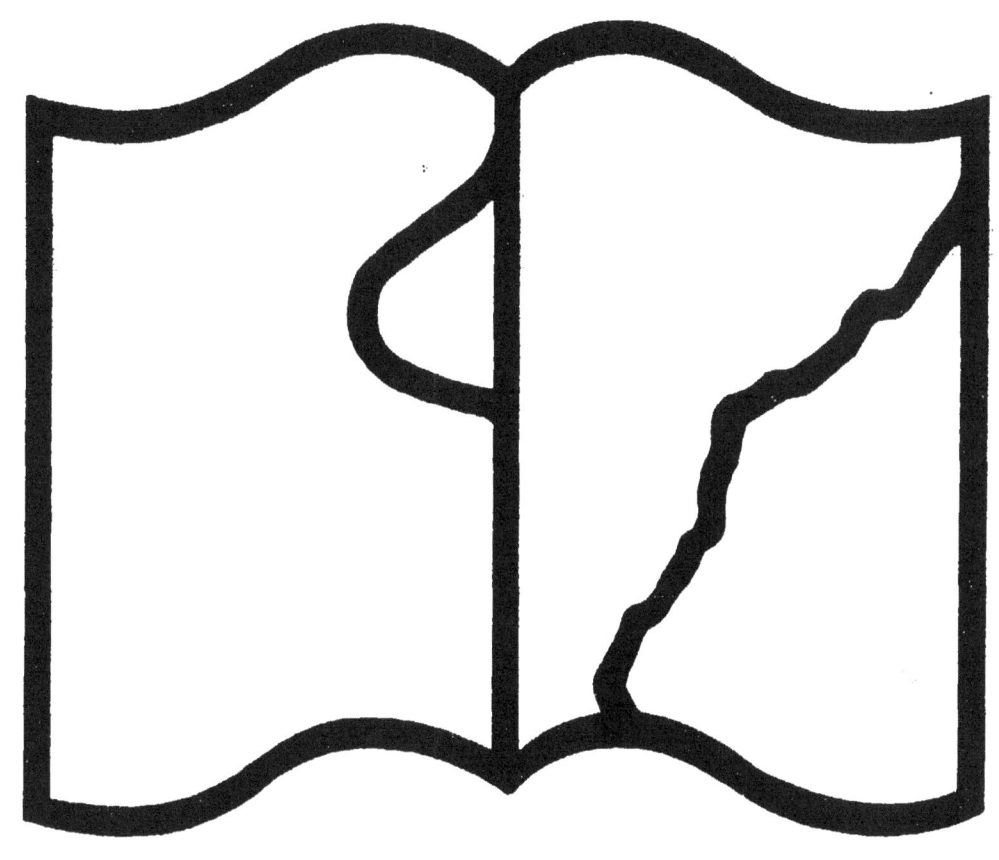

Symbole applicable
pour tout, ou partie
des documents microfilmés

Texte détérioré — reliure défectueuse

NF Z 43-120-11

MOLINIE 1984

hist pap. 7687 2 vol. W.

Per Pilar di Tassulo

G. 590.
+ C. 3.

10970

VOYAGES
EN DIFFERENS
PAYS DE L'EUROPE.

TOME PREMIER.

VOYAGES
EN DIFFERENS
PAYS DE L'EUROPE.

en 1774. 1775. & 1776.

OU LETTRES ECRITES DE
L'ALLEMAGNE, DE LA SUISSE,
DE L'ITALIE, DE SICILE,
ET DE PARIS.

TOME PREMIER.

A LA HAYE,

CHEZ C. PLAAT ET COMP.

Libraires sur le Kalvermarkt.

M. D. CC. LXXVII.

PREFACE
DE
L'EDITEUR.

L'auteur de ces lettres n'a pas couru en poste au travers des pays, dont il y parle. Il a fait dans toutes ces contrées un long séjour, & il y a été plus d'une fois. Il n'est donc pas étonnant que ces lettres soient remplies de détails qui concernent les mœurs, les manieres de vivre, les façons de penser, & les gouvernements des différentes nations qu'il a vues. Souvent ses rélations sont directement opposées à celles de quelques autres voyageurs: ce qui n'est pas étonnant non plus, car il y a de la différence entre examiner un pays à loisir, & le parcourir à la hâte; entre voir un petit nombre de gens qui se communiquent aux étrangers & qui leur font des politesses, & se répandre dans toutes les classes d'hommes; entre faire des visites de cérémonie aux gens en place & aux hommes de lettres, & les voir avec affiduité & fans aucune efpèce de gêne. Ceux qui ne font que courir d'un pays à l'autre, ont de la peine à trouver des différences effentielles entre les habitans des différentes contrées de l'Europe: ils croyent voir par tout un grand fonds d'uniformité, & s'imaginent d'en pouvoir perfuader également leurs lecteurs. Mais ils fe trompent groffiérement. S'il y a des chofes qui rapprochent à quelques égards les différens peuples de l'Europe, comme, par exemple, la même morale, le même fonds de religion, les mêmes principes de légiflation, il y en a d'autres, qui produifent dans le caractère, dans les paffions, dans les goûts, dans les façons de vivre & dans les mœurs de ces mêmes nations, des différences effentielles: telles font le climat, la nourriture, les boiffons, la qualité du païs, la différence de certains principes de religion, celle de certaines maximes

PREFACE DE L'EDITEUR.

de gouvernement, celle enfin d'une législation plus ou moins parfaite, plus ou moins convénable à une nation qu'à l'autre. L'auteur paroit s'être attaché principalement à développer & marquer ces différences. S'il étoit permis de communiquer au public ce que l'on se permet de confier à des amis, il y auroit eu dans le manuscrit de ces lettres bien des choses très-propres à satisfaire sur ces sujets plus particulierement la curiosité des lecteurs: mais j'ai retranché dans l'impression toutes les descriptions des caractères personels, & tous les récits des choses que le gros des hommes est censé devoir ignorer. Il y a dans le même manuscrit plusieurs digressions sur d'autres païs, où l'auteur a également voyagé, dont les possesseurs n'ont pas encore jugé à propos de m'en faire part: j'ai donc supprimé de même presque toutes ces digressions, pour que l'on puisse, si on le trouvera bon, en faire, dans un autre temps, un meilleur ufage. Tout le refte du manufcrit a été laiffé dans l'état, où on me l'a remis, fans qu'il y ait été fait le moindre changement. Si quelques claffes de perfonnes y rencontrent par çi par là des paffages, où elles fe croiront peu ménagées, il faut qu'elles fe fouviennent, que dans les difcours familiers le public les ménage beaucoup moins; pour lors elles trouveront, que l'auteur, qui ne pouvoit pas prévoir l'ufage que l'on feroit un jour de fes lettres, n'a encore parlé d'elles qu'avec beaucoup de réferve.

TABLE DES SOMMAIRES,

Contenus dans les deux Volumes.

TOME I.

LETTRE PREMIERE.

BERLIN le 10 Févr. 1774.

Evêques & *Princes d'Allemagne, leurs cours. Vienne; l'Impératrice; Jésuites & leurs finesses. Code Thérésien. Catalogue des livres défendus. Stile de chancelerie. Manière de faire les études. Jeu & bonne chère des Viennois. Noblesse; Gens de merite; Gens de lettres; Médecins; Publicistes; Thèses publiques; Troupes Autrichiennes; Bibliothèque publique. Prêtres Italiens; abbé Metastase. Prêtres Liégeois, Gouverneurs d'Enfants. Sévérité de la Police de Vienne. Population, Etrangers, Cours Souveraines, Manufactures & Commerce.*
Pag. 1-26.

* 3   LET-

LETTRE SECONDE.

BERLIN le 20 Avril 1774.

Division de l'Allemagne en Cercles. Titres honorifiques ambitionnés par les Allemands. Zèle des Allemands pour le service de leurs maîtres. Occupations ordinaires des petits seigneurs de l'Empire: Princes ecclésiastiques: leur manière de gouverner. Chanoines: gens de mérite parmi eux: Moines; règlements de feu l'électeur de Mayence par rapport aux moines mendians: gens de mérite parmi les moines.
Pag. 27-48.

LETTRE TROISIEME.

BERLIN le 30 Juin 1774.

Science des Allemands: manière d'étudier chez les Catholiques; manière d'étudier chez les Protestants. Professeurs des Académies protestantes; Gazettes Littéraires; Jurisconsultes, Théologiens, Canonistes, Poëtes, Historiens.
Pag. 49-65.

LETTRE QUATRIEME.

POTZDAM le 18. Août 1774.

Roi de Prusse; audience chez lui: sa façon de vivre: ses occupations: Colonel Quintus: comment le roi dirige toutes les chambres de conseils: chapellains du roi: cas que le roi fait de certaines doctrines théologiques: commerce: dépenses du roi pour faire rebatir Berlin. Potzdam: Conseilliers en titre. Berlin, sa population: mauvaises qualités du bas peuple. Etat du commerce dans les différents païs de l'Allemagne. Influence des différentes religions & des différents gouvernements sur le commerce en Allemagne. Académie de Berlin, ses différents membres. Liberté des libraires Prussiens. Mœurs & manieres des Allemands protestants & catholiques. Jésuites des états Prussiens. Eglise catholique de Berlin: méchancetés du père Mécénate son fondateur. Administration de la justice dans les états Prussiens. Tactique de l'armée Prussienne: secret du Gouvernement. Nombre des troupes Prussiennes.
Pag. 66-102.

LETTRE CINQUIEME.

INSPRUCH dans le Tyrol le 12. Novembre 1774.

Douanes Autrichiennes; beaux chemins & bonnes auberges des païs Autrichiens; Universités; Avantages des universités catholiques sur celles des Protestants; Jésuite d'Inspruch qui enseignoit vingt quatre langues; Pere Servite, sa façon de penser, & sa note sur un passage de Columelle.
Pag. 103-134.

LETTRE SIXIEME.

COIRE le 24. Novembre 1774.

Vallées du Trentin; Valcamonica: Braves & usage qu'on en fait en Valcamonica. Tiranno: Recruteurs Prussiens: Podestás de la Valteline; comté de Bormio: Montagne de S. Maria; Lauvines & passage dangereux par cette montagne: Différentes glacieres de la Suisse & des Grisons: Hauteur du Mont Blanc: Source des différents grands fleuves de l'Europe dans les glacieres. Pag. 135-153.

DES SOMMAIRES.

LETTRE SEPTIEME.

COIRE le 28. Novembre 1774.

Païs des Grisons: leurs moyens de subsister: leur différent avec les Vénitiens: suites de ce différent: leurs factions & dissentions civiles: Anarchie des Grisons: intérêts des cours de Vienne & de Versailles dans ce païs. Evêque de Coire. Capucins curés des Grisons catholiques & cabaretiers. Faltrank thé des Suisses. Eaux minérales. Les Engadinois ne permettent pas aux catholiques le culte de leur religion chez eux, ni les Valtelinois aux réformés. Eaux minérales & bains de Pfeffers. Pag. 154-170.

LETTRE HUITIEME.

BERNE le 13. Decembre 1774.

Moyens ordinaires de subsister chez les Suisses. Comparaison entre la Suisse & la Hollande. Commerce & manufactures des Suisses. Culture des sciences chez les Suisses: esprit patriotique. Pag. 171-193.

TABLE

LETTRE NEUVIEME.

VENISE le 5. Janvier 1775.

Inconvenients attachés au séjour de cette ville: nobles Vénitiens: leurs gênes. Cittadins; emplois auxquels ils peuvent aspirer. Commodités des caffés & des théâtres de Venise. Casins dans la ville: dames Vénitiennes & leur manière de vivre. Mascarades. Caractères des dames & des nobles Vénitiens. Doge de Venise. Etat des sciences. Sciences favorites des nobles. Leur façon de penser en fait de religion. Chevalier Thron. Pag. 194-214.

LETTRE DIXIEME.

VENISE le 8. Janvier 1775.

Etat des Sciences en Italie: gênes des gens de Lettres: obstacles qui s'opposent à la publication des livres. Gens de Lettres de la Toscane: liberté d'imprimer dans ce païs: facilité qu'ont les moines de publier leurs ouvrages: nouvelle édition des œuvres de S. Bonaventure. Passage remarquable qui se trouve dans un livre de ce S. Docteur. Avantage de l'Italie par rap-

port aux sciences, en ce qu'elle est partagée en plusieurs états, & qu'elle a plusieurs métropoles. Disputes sur différentes matieres entre les Jésuites & les Dominicains: autres sujets de disputes entre différents ordres ecclésiastiques & avec le clergé séculier. Mauvaise conduite du Pape Rezzonico: livres que cette conduite occasionna. L'abbé Muratori, le marquis Maffei, Giannone, l'abbé Génovesi ; l'abbé Métastase, Goldoni, le comte Gozzi, Benoît XIV, son ouvrage de canonisatione sanctorum. Lami, ses gazettes Littéraires. L'abbé Martorelli, son ouvrage de Theca calamaria. L'avocat Matthei, sa traduction des pseaumes. Caractere des gens de lettres d'Italie, qui s'appliquent à l'étude de l'antiquité. Mérite des traductions faites en Italien des ouvrages des anciens, & en particulier des traductions de Thucidide, de Tite Live, de Tacite. Jurisconsultes Italiens ; œuvres du Cardinal de Luca. Décision de la Rote de Rome : Avocats de Venise & de Naples. Don Pepe Cirillo : Avocats de Rome & de Milan. *Pap.* 215-252.

LETTRE ONZIEME.

Venise le 16. Janvier 1775.

Tribunal des Inquisiteurs d'état à Venise. Sbirres & espions de la police. Méchanceté & libertinage des moines. Conduite des religieuses. Inquisition ecclésiastique. Liberté de l'Eglise Vénitienne. Luxe des Vénitiens : leur façon de vivre à la campagne. Maisons de plaisance. Histoire du prevôt de Solisoli dans le Bergamasque. Avocats : Impots : Revenus de l'état. Marine : Troupes de terre : lâcheté & mauvaise discipline de ces troupes. Voisins dangereux. Les nobles Vénitiens peuvent posséder des fiefs dans les états des puissances étrangeres, mais il ne leur est pas permis d'y exercer aucun emploi. Ecclésiastiques exclus de tout emploi civil. Administration de la justice dans la Terre ferme. Excursion de l'auteur dans le Milanois : dégradation de ce pays après l'établissement des fermes. Population actuelle des villes de Milan & de Mantoue comparée avec celle des temps passés. Riches couvents de ces deux provinces. Manuscrit de Vinci. Noblesse Milanoise. Pag. 253-292.

DES SOMMAIRES. xiii

LETTRE DOUZIEME.

ROME le 25. Janvier 1775.

Civitâ Vecchia. Insolence des galériens de cette ville, élection du nouveau Pape. Disposition des Romains à son égard lors de sa proclamation. Parti Rezzonico. Le feu pape Ganganelli: motif qui le fit faire pape: Cardinal Torregiani: Cardinal Camerlingue: satyre faite contre les Cardinaux du dernier Conclave. Le nouveau pape paroit favorable aux Jésuites. Raison, pourquoi le nouveau pape a pris le nom de Pie VI. Censure du pontificat de Pie V. Carnaval de Florence. Liberté des dames Florentines durant le carnaval; Sigisbéisme. Beauté & graces de la langue Toscane. Caractère des Florentins. Plusieurs sages réglements du présent Grand Duc. Réglement pour la santé des filles publiques. Gênes; Industrie surprenante des Génois: caractère de leur noblesse. Pag. 293-315.

LETTRE TREIZIEME.

ROME le 1. Mars 1775.

Couronnement du Pape. Musique pontificale: Cavalcade du S. Pere du

Vatican à S. Marie Majeure. Mort du feu pape Ganganelli par le poison : Censure de son regne durant les six derniers mois de sa vie. Pere Buontempi confident du Pape Ganganelli. Liaison du pere Buontempi avec la Signoria Vittoria.... sentiments opposés des Romains sur la conduite du feu pape. Bruits répandus contre lui par les jésuites. Disposition des autres moines à son égard. Sentiments de l'auteur sur ce même pape. Sa timidité principale raison de sa mort. Pag. 316-336.

LETTRE QUATORZIEME.

ROME le 10. Mars 1775.

Doctrine du pape Ganganelli : comparaison de la doctrine de ce pape avec celle de Benoit XIV. jugement sur plusieurs lettres du pape Ganganelli : Canonisation des saints. Nouveau miracle très-remarquable de S. Thomas d'Aquin dans le couvent de Fossanuova. Miracle de S. Janvier. Miracle pareil de S. Jean Baptiste dans un couvent de réligieuses à Naples. Jugement d'une réligieuse sur ce miracle. Pag. 337-351.

DES SOMMAIRES.

TOME II.

LETTRE QUINZIEME.

ROME le 15. Mars 1775.

Ouverture du Jubilé à Rome: origine de cette solemnité, & sa décadence: tas de gueux qui arrivent de tous cotés à Rome pour y gagner cette indulgence. Comparaison du Jubilé des chretiens avec celui des anciens payens. Déréglemens occasionné par les Castrats, qui jouent les rôles des femmes sur les théâtres de Rome. Pouvoir des moines dans cette ville: ils firent echouer le projet du Pape Benoit XIV. qui vouloit abolir le carême & diminuer le nombre des fêtes, conduite des Romains envers les étrangers. Usages de sigisbés: ils sont plus incommodes aux dames que leurs maris. Causes du libertinage des femmes italiennes: différence du caractere des Romains modernes & des anciens.

Pag. 1-26

LETTRE SEIZIEME.

ROME le 18. Mars 1775.

Différence entre l'ancienne Rome & la moderne, par rapport à l'étendue, aux édifices, au Capitole & ses environs, à la population, aux qualités, aux professions, & aux richesses des habitans. Abbés, Filles de joye. Excommunitions usitées contre les femmes qui se livrent à la débauche sans avoir le privilège de filles publiques. Etat de la religion à Rome. Parallèle des superstitions Romaines avec celles des autres peuples. Douceur du tribunal de l'inquisition à Rome. Catalogue des livres défendus. sciences qui sont les plus cultivées à Rome. Qualités de ceux qui professent les belles lettres & les antiquités. Jurisconsultes. Monsignor Bottari. Revenus du pape. De la Daterie. impôts des Romains. état misérable de la campagne de Rome. S. Marino. poëtes arcades, gravité des femmes Romaines. Pag. 27-59

LETTRE DIX-SEPTIEME.

NAPLES le 6. Octobre 1775.

Prodigieux changemens opérés par la mer, les volcans, les tremblemens de terre, par le temps & les hommes dans les pays de Naples & de Sicile. Différence du climat & du terrein de Na-

ples d'avec celui des autres pays de l'Italie. La Pouille : ses productions. l'Abruzze & ses productions. Populations des royaumes de Naples & de Sicile. Revenus du roi de Naples : causes de leur modicité. situation avantageuse de ses états pour le commerce : entraves du commerce. Francs-maçons : cause de leur persécution. Arrendamenti & les inconvéniens qui en résultent. Taxes & gabelles de différentes sortes : exécutions du clergé.
Pag. 60-85

LETTRE DIX-HUITIEME.

NAPLES le 12. Octobre 1775.

Le climat n'est pas la cause de la paresse & du peu d'industrie des Napolitains & des Siciliens. Etat ancien de ces peuples, différence de la chaleur de ce climat d'avec celle des climats septentrionaux. Quels sont les véritables fleaux de ces contrées : richesses du clergé. Nombre des moines & des religieuses. Couvents de la ville de Naples. Couvent de chartreux. Couvent de Monte-Casine dans la Campanie. Autres riches couvents.

Mœurs & conduite des moines Napolitains. Le pere Rocco fameux jacobin. Pere Pepe célèbre imposteur de la compagnie de Jesus. Charlatans séculiers & ecclésiastiques dans les places publiques. Cochons privilégiés de l'abbaye de S. Antoine. Inconvéniens qui résultent du conflit des superstitions semées par les moines avec les nouvelles lumieres que répandent les gens de lettres. Inquisition bannie de Naples. Magistrature intitulée Tribunal contre le S. Office. Esprit de tolérance du Gouvernement de Naples. Les peres Toré & Minasi savans estimables. Pag. 86-113

LETTRE DIX-NEUVIEME.

NAPLES le 18. Octobre 1775.

Gouvernement féodal; ses effets. Nombre des vasseaux de la couronne dans les royaumes de Naples & de Sicile. Influence du gouvernement sur le bonheur des peuples dans les différens états de l'Italie. Effet de la bonne opinion, que les sujets ont du gouvernement de leur pays. Fausseté de la maxime; que les habitants des pays chauds sont faits pour l'esclavage. Nature du gouvernement ecclésiastique.

Education, caractere, mœurs de la noblesse Napolitaine & Sicilienne.
Pag. 114-140

LETTRE VINGTIEME.

NAPLES le 28. Octobre 1775.

Luxe des Napolitains: parade des dames le jeudi & le vendredi saint: parade des hommes les vendredis de Mars: parade des artisans à la procession de la Fête-Dieu: jours de parade pour les paysans. Fête de la Madonne di pié di grotta. Musique d'Eglise: Economie de la noblesse dans l'intérieur de leurs maisons. Domestiques. Amusemens des Napolitains. Théâtres; Opéra serieux & comique. Musique de théâtre: supériorité de la musique Napolitaine sur celle du reste de l'Italie: raisons de cela.
Pag. 141-158

LETTRE VINGT-UNIEME.

NAPLES le 30. Octobre 1775.

Tintamarre de Naples: sa population: beauté & situation délicieuse de cette ville: défaut de promenades commodes pendant le jour. Commerce & industrie des habitants: entraves du commerce. Moyens de subsister. Méfiance générale; causes de cela. Mauvai-

se police. Lazzaroni & leur caractere. Troupes du roi de Naples. Régiment des Liparottes: regiment des Gardes: regiments Albanois: Cocagnes: Climat Femmes. Pag. 159-188

LETTRE VINGT DEUXIEME.

Naples le 15. Novembre 1775. Gêne de ceux qui vont voir le cabinet de Portici. Salerne: Paestum & ses ruines. Amalfi. Voyage en Calabre: Précautions à prendre pour ce voyage. Changement prodigieux dans la surface de sa côte occidentale: impossibilité de trouver l'emplacement des anciennes villes sur cette côte. Castel a mare della Bruca: Policastro: Turtura: Scalea: Paula: Murano: Castrovillari: Saracina: Alromonte: heureuse rencontre Vins de ce canton: Cetrara: montagnes fertiles de ce canton Cosenza Capitale de la Calabre citerieure: hommes de mérite: Lafaire concernant Stocco de Cosenza, & Mafuccio Salernano: Environs de Cosenza. Monte Leone: Bivona. Mileto: Seminara. Endroit jusqu'où arrivoit la mer avant que la Sicile fut détachée de la Calabre. Reggio. abbé Minisano a réfuté & corrigé M. d'Orville. Fata Morgana spectacle sur la mer: productions des montagnes & des campagnes de Reggio. Nouveaux impôts inventés par le marquis Gregori de Squillace, réflexions sur l'opinion de ceux qui croyent que les climats chauds rendent les hommes paresseux. Montagnes de la Calabre: productions de la côte occidentale: excellence de ses fruits, & de ses vins: commerce des Génois sur cette côte. Albanois établis dans la Calabre. Mines. voyage par la côte orientale de la Calabre: fertilité de cette côte. Motta di Burzano: vestiges de l'ancienne ville de Locres: différence prodigieuse de l'état actuel de cette côte d'avec son état ancien. Gerace: Capo di Stilo: chartreux: Squillace: Catanzaro, capitale de la Calabre méridionale. Simori: Cotrone. Restes du temple de Juno Lacinia. Endroit de l'ancienne Sybaris. Fertilité naturelle de ce canton: manne: suc de réglisse. mines, situation de l'ancienne ville de Métapontum: plaines fertiles: Taranto: parallèle de son état actuel avec son état ancien. Scylla: environs de Scylla: passage du détroit quand il est dangereux. Prince de Scylla. Mœurs & caractere des Calabrois. Pag. 188-250

LETTRE VINGT-TROISIEME.

NAPLES le 20. Novembre 1775.
Description ultérieure de la Calabre: ses productions: soye: manufactures: impositions sur la soye: vins: huiles: minéraux: cannes à sucre. Pag. 251-266

LETTRE VINGT-QUATRIEME.

L'auteur a écrit cette lettre & la suivante durant son séjour en Sicile, avant son retour à Naples.

PALERME le 6. Mai 1775.
Passage en Sicile. Carybde: parfum au détroit: fleurs & plantes aromatiques: aloës. Description de la Sicile par Diodore. Messine & ses environs. Taormina: maronniers d'une grandeur prodigieuse sur les laves du mont Etna. route de Catania toute formée par ces laves: fertilité des environs de Catania dans l'espace de dix milles vers le mont Etna. Comparaison de Catania avec Messine: causes de la décadence de cette derniere ville. Qualités & productions de la côte depuis Catane jusqu'à Syracuse. Etat présent de Syracuse. Cannes de sucre à Avola. Côte occidentale. Prairies & campagnes de Ragusa, Modica, Vittoria, Alicata, Palma. Ville de Girgenti: parallèle de son état actuel avec ce qu'elle étoit

anciennement. Sciacca: Trapani: Monréale; Palerme. *Continent de l'Isle, causes qui le font fleurir. Etat de cette Isle par rapport à l'agriculture, au commerce, à la population: comparaison de la Sicile avec d'autres états de l'Europe; & différentes considérations sur ce sujet. Noblesse: Clergé: Avocats.*
Pag. 267-307

LETTRE VINGT-CINQUIEME.

PALERME le 12. Mai 1775.

Interieur des vallées de Noto *& de* Mazzara. *maniere de conserver le bled: le bled est la principale branche du commerce des Siciliens: causes qui font decheoir ce commerce. Productions de cette Isle: rivieres célebres par des propriétés singulieres.* Mont Etna: *ses crateres: sa lave: la tour du filosofe: différentes régions de cette montagne: différentes productions: commerce que l'on fait avec la neige de cette montagne. Tremblemens de terre Museum du prince de Biscaris à Catane: magnifique couvent & riche Museum des Bénédictins du même endroit. Moines de la Sicile. Mauvais principes du gouvernement Espagnol du temps passé. Noblesse de la Sicile, son gout pour la poësie: Tribunal de l'Inquisi-*

tion. Les rois de Sicile Légats à Latere du S. Siege: effets de cette prérogative: Caractere des Siciliens.
Pag. 308-346

LETTRE VINGT-SIXIEME.

Paris le 12. Septembre 1776.
Paris: Promenades: Promeneurs au palais royal, & aux Tuileries: fange & poussiére des rues de cette ville: spectacles. Propriété de l'eau de la Seine: discours d'un médecin sur plusieurs abus contraires à la santé qui regnent dans cette ville. Eglises: Hôtels: Procédure criminelle. suites de cette procedure. abus.
Pag. 347-371

LETTRE VINGT-SEPTIEME.

Paris le 18. Septembre 1776.
Multitude de journeaux: caractéres de certaines especes de savans: leur mérite. Censure de livres. Etat actuel des Protestans en France: leurs mariages. Mr. Calmer Juif allemand Vicomte d'Amiens & Seigneur de Picquigny. Cérémonie du pain béni, fêtes. Clergé: moines: revenus de la couronne: impôts: fermiers, & leurs commis. Amusemens publics. Police.
Pag. 372-408

LETTRE PREMIERE.

BERLIN le 10 Févr. 1774.

Evêques & Princes d'Allemagne, leurs cours. Vienne; l'Impératrice; Jésuites & leurs finesses. Code Thérésien. Catalogue des Livres défendus. Stile de Chancelerie. Manière de faire les études. Jeu & bonne chère des Viennois. Noblesse; Gens de merite; Gens des lettres; Médecins; Publicistes; Thèses publiques; Troupes Autrichiennes; Bibliothèque publique. Prêtres Italiens; Abbé Metastase. Prêtres Liégeois, Gouverneurs d'Enfants. Sévérité de la Police de Vienne. Population, Etrangers, Cours Souveraines, Manufactures & Commerce.

J'ai appris hier, par hazard, chez M. M... à Potzdam, que vous êtes à Florence. Il paroît que l'Italie vous fait oublier vos amis: l'Allemagne ne fait pas le même effet fur moi. Puisque vous tardez si long-tems à me donner de vos nouvelles, je vous préviens en vous en donnant des miennes, ayant été informé que vous vous arrêterez encore assez long-tems à Florence.

Depuis que nous nous sommes quittés à Munich, je suis allé, comme je vous l'avois dit, par Saltzbourg & Passau à Vienne. Ce fut dans ce voyage que je vis, pour la première fois, dans un âge capable de réflexion, des Evêques Princes, ayant des soldats, des Intendans, des Musiciens, des Courtisans, des Chambellans, de Grands-Officiers de la Cour, des Conseillers de toute espèce & des Cuisiniers qui sont mieux payés que les Conseillers. Ce fut aussi dans cette occasion que j'acquis l'idée de la manie qu'ont tous les petits princes & les petits seigneurs de l'Allemagne d'avoir de Grands-Chambellans, de Grands-Maîtres d'Hôtel, de Grands-Échansons, de Grands-Veneurs, de Grands Cuisiniers, des Capitaines des Gardes, des Troupes de Cavalerie & d'Infanterie, quand même toute la Cavalerie & toute l'Infanterie du petit Comte ou du petit Baron, ne dût confister qu'en trois Houzards, quatre Grenadiers & six Fusiliers. Ne vous imaginez pas que je forge ici des contes à plaisir pour vous amuser: j'ai vu des exemples frappants de ce que je viens de vous dire en Souabe, en Franconie & en Westphalie; & j'espère en voir bien d'autres encore, quand il me faudra repasser par quelques-uns de ces cantons pour continuer mes voyages.

Vienne est une ville qui fait tous ses efforts pour sortir de la barbarie, qui, dans l'Allemagne Catholique, est encore si prodigieuse, qu'un homme né dans un païs policé, ne peut c'en former une juste idée. L'Impératrice embrasse avec plaisir tous les bons conseils qu'on lui donne pour faire fleurir les arts, les sciences & le commerce, & pour tirer ses sujets de cet état de stupidité qui est encore extrême dans presque tous les païs catholiques de l'Allemagne; Il paroît même que plus elle avance en âge, plus elle méprise les faux principes des bigots & des personnes attachées aux préjugés & aux erreurs de l'ancienne barbarie.

Avant que de sortir de ma patrie,

j'ai toujours cru que l'on faisoit une grande injustice aux Jésuites, en les accusant de maintenir les princes & les peuples catholiques dans l'ignorance & dans la paresse. Je m'imaginois que les ministres de certains princes ne cherchoient leur abolition, que parce qu'ils trouvoient souvent dans leur chemin les confesseurs de leurs princes, qui, pour lors, étoient tous Jésuites. Mais depuis que j'ai commencé à voyager & que j'ai examiné les cours & les païs où les Jésuites ont dominé, je reconnois que cette vermine a fait bien du mal & qu'elle a mérité d'être écrasée.

La cour de Vienne est à présent bien différente de ce qu'elle étoit lorsque la plupart des ministres & des courtisans avoient des Jésuites pour confesseurs. Ces fourbes faisoient entrer la Religion partout où ils vouloient; & par ce moyen ils surprenoient la conscience délicate de leurs pénitents dans les choses les plus indifférentes. Vouloient-ils écarter un homme habile du ministère? C'étoit un mauvais sujet que la religion defendoit d'employer : s'agissoit-il de faire rejetter un bon conseil? C'étoit un projet que la religion ne permettoit pas d'embrasser. Un livre contenoit-il des choses qu'ils n'enseignoient pas dans leurs écoles? C'étoit un ouvrage qui sappoit les fondemens de la religion, & qu'il falloit défendre de toute nécessité. Le regne de ces peres a occasionné bien de mauvais règlements & formé bien de mauvais sujets. Opiniâtrement attachés aux erreurs & aux fatuités du siécle où ils ont pris naissance, ils persécutoient la vérité & haïssoient la lumière partout où elle se montroit. Dominés par l'ambition de mener à leur gré les princes & les grands, ils les élevoient dans l'ignorance, pour les tromper plus aisément: ils leur inspiroient l'orgueil pour les gagner par leurs flatteries; & ils les tournoient à la bigotterie pour pouvoir s'emparer insensiblement de leurs consciences & de leurs biens.

On a publié à Vienne, il y a quelques années, un code criminel, qu'on appelle le *code Thérésien*. Cet ouvrage est bien contraire aux vues & à l'humanité de la souveraine, sous le nom de laquelle il a été promulgué. Il paroît que le bourreau ait été souvent en conférence avec les Jurisconsultes qui l'ont rédigé: car une grande partie de l'ouvrage consiste dans des détails concernant les différentes tortures, & en des planches qui représentent les différentes façons d'appliquer les prisonniers à la question. On est allé jusqu'à prescrire, en certains cas, la perfidie aux juges. Enfin tout ce que *Carpzove* & *Farinace* contiennent de plus cruel & de plus révoltant, y a obtenu le caractère sacré de loi. Après cela il est naturel de penser que les rédacteurs de ces Loix, ont eu soin de faire défendre le traité des délits & des peines du marquis *Beccaria*. Cependant on m'a assuré que l'on tolère à présent la lecture de ce livre; & la cour a donné des ordres, qui, en dérogeant à certains articles de ce code, rétablissent les droits de l'humanité & de la justice: mais cela ne suffit pas: il faut encore que les loix conviennent aux peuples, pour qui elles sont faites.

Le Catalogue des Livres défendus à Vienne est plus étendu que celui de Rome. On y a poussé le scrupule si

…loin, que l'on y a inséré même les livres les plus ignorés: j'y ai trouvé, par hazard, l'*Indovino Inglese per Giam-batista Monauni in Trento.* La prohibition & le titre d'*Inglese*, m'ont fait naître l'envie de voir ce livre: je le fis venir malgré les précautions incroyables & extrêmement gênantes que l'on prend à Vienne pour empêcher l'entrée des livres défendus; mais à ma grande mortification je vis que ce n'étoit qu'un misérable calendrier, qui, au commencement de chaque mois, prédisoit, mais seulement en général & sans descendre à aucune particularité, les bons & les mauvais évènemens par la situation des constellations.

On m'a dit que le cardinal *Migazzi*, le Baron *Van-Swieten*, le Professeur *Martini* & les Jésuites ont eu la principale part à ce catalogue: il faut donc croire que tout ce qui s'y trouve d'outré ne vient que des Jésuites: car le cardinal n'auroit eu garde d'enchérir sur le modèle romain, qui n'est déja que trop étendu; & le professeur *Martini* est trop éclairé pour avoir voulu entreprendre de grossir au lieu de diminuer le nombre des livres défendus. Cette charge peut encore moins tomber sur feu Mr. *Van-Swieten*. On peut le soupçonner tout au plus d'avoir fait cet honneur à des livres de quelques médecins : car il n'étoit pas ami de tous les grands médecins : ce qui n'est pas étonnant, puisque tout le monde sait que de tous les gens de lettres, les médecins sont ceux qui s'accordent le moins entre eux.

Pendant que j'ai été à Vienne, je me suis bien diverti à lire les sentences & les ordonnances des tribunaux de cette capitale. Vous savez que j'entends assez l'Allemand pour avoir fait une partie de mes études à Leipzik & à Gottingue ; mais si je n'avois su que l'Allemand, je n'aurois rien compris au jargon de ces papiers. Il faut savoir, à la fois, l'Allemand, le Latin, le François & l'Italien pour entendre ce langage des tribunaux Autrichiens, puisqu'il est composé de toutes ces langues. Ce n'est pas tout : les tribunaux ont aussi un stile particulier, qu'on appelle stile de la Chancelerie, qui exige qu'une seule période contienne différentes choses, qui n'ont aucune liaison entre elles ; de sorte que bien souvent un édit, une sentence une ordonnance de deux ou trois pages, sont formés d'une, de deux ou de trois périodes tout au plus. Le galimatias qui règne dans les expressions & dans le stile, répand de la confusion & de l'obscurité sur les choses mêmes.

Ce sont là des suites nécessaires de leurs études & de leur manière de vivre. Presque tous les Viennois ont fait leurs études chez les Jésuites; mais les Jésuites Allemands n'ont jamais cultivé les lettres, trop différents en cela des Jésuites François & Italiens; les Allemands n'étoient que de mauvais canonistes, de mauvais physiciens & de très mauvais humanistes, qui parloient & écrivoient un jargon de charretiers & de forgerons.

Une grande partie de la noblesse s'est cependant beaucoup policée dans les païs étrangers à la barbe des Jésuites & de leurs adhérents; mais pour les autres, ils écrivent & s'expriment d'une façon à faire peur.

Les Viennois aiment la bonne chère & le jeu; & ils s'en occupent si fort, que les gens qui ont des affaires à Vienne, les trouvent presque toujours appliqués à ces deux grands objets. Je fréquentois des étrangers qui s'y trouvoient pour des affaires : ils m'ont dit qu'ils se reputoient heureux lorsqu'ils pouvoient parler à certaines personnes soit entre le repas & le jeu, ou dans le tems que l'on mêloit les cartes. Un pauvre prêtre du Tirol qui vouloit faire voir une machine de son invention à de simples professeurs de mathématiques, a resté un an entier à Vienne sans pouvoir seulement les voir en face. Au bout de l'année Mr. le Baron de *Sperges*, personnage d'un grand mérite, invita ces Messieurs à diner : ils virent chez lui la machine, qui étoit une horloge d'une nouvelle invention : ils la trouverent digne d'être présentée à l'Impératrice, & cette bienfaisante Princesse, fit un présent considérable à l'inventeur, & lui accorda une pension annuelle qui surpassa ses éspérances.

L'Impératrice est la personne du monde la plus humaine & la plus bienfaisante: l'Empereur est la Prince le plus actif, le plus affable & le moins entêté de sa grandeur, qui ait peut-être encore existé au monde: cependant ces modèles n'affectent pas trop le gros des Viennois: ils sont encore trop dominés par les préjugés & par d'anciennes habitudes; & il faudra une suite de princes de ce caractère pour leur faire prendre d'autres mœurs & d'autres manières.

Les gens de mérite de toutes les classes sont bien accueillis chez le Prince de *Kaunitz*, Seigneur très-éclairé & un des plus grands politiques de ce siècle. Les gens sans talents, aux visages bourfouflés, aux ventres rebondis & aux habits brodés, ne s'en vantent pas trop: Il a donné à dîner à des particuliers de notre nation, qui ne sont ni princes ni barons, & il les a traité avec beaucoup d'affabilité. J'ai remarqué en général que parmi la grande noblesse il y a bien des personnes d'un caractère doux & affable & d'un mérite très distingué. Il y en a qui protègent les gens de mérite, & qui ont eux-même de grandes connoissances dans les Sciences & dans les Arts. Le Comte de *Zintzendorf* a voyagé avec tant de goût, que je ne connois personne qui ait acquis, par des voyages, autant de lumières que lui, rélativement au commerce & aux manufactures.

Il y a à Vienne une foule de prétendus savants: il y a des médecins savants, des politiques savants, des physiciens & des géomètres savants: il y a jusqu'à de purs jurisconsultes & de purs théologiens qui s'imaginent être en droit de se donner l'air de savants, & que les Viennois ont la bonté de regarder & de respecter comme tels; mais les médecins se moquent de tous les autres: ils font des éclats de rire quand ils entendent parler d'un savant d'un genre différent: ces médecins de Vienne sont bien fiers: ils ne vous accordent pas seulement qu'il y ait de savants médecins à Londres, à Edimbourg, à Paris, ni à Montpellier: un d'eux me disoit un jour, « les méde-
« cins Anglois ont quelque chose de
« solide: les François sont de bons char-
« latans: les Italiens ne valent rien du-
« tout: ici à Vienne il y a d'excellents
« médecins ». Si les collégues de ce Monsieur ne s'expriment pas avec la même ingénuité, ils ne pensent pourtant pas différemment.

Il y a à Vienne, comme dans le reste de l'Allemagne, une secte de savants qu'on nomme les *Publicistes*, dont l'emploi est de connoître les droits & les prétentions de tous les grands & de tous les petits princes de la terre. Les princes qui ont des canons & des soldats, se mocquent sans doute de ces savants : ils ont leur droit public au bout des fusils & des bayonnettes & dans des volumes de bronze. Il est vrai que la Pologne a été partagée par des princes étrangers, & que le Turc a perdu une partie de la Vallachie & de la Moldavie par des raisons que les publicistes ont tirées des archives ; mais des Républicains qui s'entre-détruisent eux mêmes, & des Asiatiques qui se refusent à toute discipline, ne sont encore que trop honorés par une feuille de papier qu'on daigne leur adresser.

Pendant mon séjour à Vienne j'ai assisté à bien des thèses publiques, que l'on a soutenues dans l'université & en différents couvents. Les Universités de certains électorats de l'Allemagne & de pays Autrichiens, sont celles où l'on dispute le plus en public, & où l'on entend les choses les plus extraordinaires & les plus barroques. J'y ai vu disputer très sérieulement, si le Pape est infaillible & s'il est au-dessus du Concile universel; si la dixme est de droit naturel ou seulement de droit divin; si les Rois sont les maîtres des biens de leurs sujets, & si les biens du clergé sont exempts d'impôts par la loi de la nature, par la loi divine, ou par les loix de l'Eglise & des princes. Après cela je ne vois pas pourquoi, dans cette illustre Université, on ne met pas également en question, si c'est par la loi naturelle, ou bien par une loi de l'Eglise, que le Soleil éclaire notre Planète, & que le tout est plus grand que la partie. J'ai entendu, a Inspruck dans le Tirol, un professeur public soutenir dans ses thèses, que le souverain est le maître de tous les biens des particuliers, & que les sujets sont faits pour les princes. Si les souverains croyoient ces foux, nous deviendrions bientôt leur gibier.

Les Troupes Autrichiennes sont sur un très bon pied: elles sont bien habillés & bien nourries: le soldat est brave & vigoureux; & j'ai vu des officiers &

des généraux très instruits. Quand je compare le soldat Autrichien avec le Prussien, je ne puis pas comprendre comment le Roi de Prusse a remporté si aisément tant de victoires sur les Autrichiens. Le soldat Prussien ne mange pas par chambrées comme l'Autrichien; & par conséquent ceux des Prussiens qui n'ont pas d'autres ressources, doivent vivre de pain & d'eau presque toute la semaine. Un militaire François remarque dans un livre sur la tactique, que les trois quarts de l'Armée Prussienne sont composés de gens que les anciens Romains regardoient comme inhabiles au service militaire. Les Romains n'enroloient ordinairement que les gens de la campagne; & ils rejettoient tous ceux qui exerçoient des métiers sédentaires: mais selon cet auteur François la plupart des soldats Prussiens sont des ouvriers, des artisans, des gens qui gagnent leur vie à revendre des fruits, des livres & quantité d'autres bagatelles, à faire dans les maisons où ils sont logés, toutes sortes de services domestiques. Cependant ces artisans & ces ouvriers ont battu des soldats. Cela ne peut donc venir que de l'immense différence qu'il y a eu jusqu'à présent entre les talents militaires du Roi victorieux & ceux des chefs des troupes ennemies; de la supériorité de la discipline & de la tactique Prussiennes, & de la plus grande bravoure de ses Officiers. Tous les Officiers Prussiens ont l'air martial au lieu que ceux qui veulent faire leurs singes, n'ont que l'air fou. Mais à présent l'Empereur a mis ses Armées sur un autre pied : les Prussiens n'auront plus si beau jeu. Dans la dernière guerre les Russes qui n'étoient qu'en petit nombre, & qui n'étoient pas accoutumés à la guerre, ont battu les Armées Prussiennes; & sans la mort de l'Impératrice Elisabeth, ils auroient peut-être fait des progrès considérables, tandis que les Armées Autrichiennes & Françoises qui étoient immenses, ne savoient rien faire. Cela prouve évidemment que toute la faute venoit des chefs.

Je comptois rester plus longtems à Vienne; mais mon hôte a été cause que j'en suis parti tout d'un coup. Il m'a dit qu'il y a des commissaires qui peuvent entrer dans mes chambres quand

Ils veulent, pour voir si j'ai des livres défendus ; & qu'il y en a d'autres qui ont la même liberté, pour voir si je couche seul ou avec une fille. Je n'ai pas voulu rester un moment de plus dans une ville où des gens pareils & ceux qui s'entendent avec eux, des espions, des chicaneurs peuvent vexer tout le monde à leur gré.

Je ne vous parle point de palais, ni d'autres raretés de Vienne : les Viennois ne connoissent point l'architecture : on ne puise pas le goût des beaux Arts dans les sermons du Père Abraham qui font les délices d'une grande partie des Catholiques Allemands ; ce Père Abraham étoit un prédicateur fou, qui a fait des sermons qui font rire les fous.

Au reste il y a à Vienne un libraire où l'on peut avoir tous les livres défendus, qui est M. de *Trattner*, Gentilhomme industrieux & actif ; il y a aussi la Bibliothèque de la Cour qui est publique, qui est une des meilleures & des plus vastes de l'Europe : mais pour avoir un bon livre il faut, à co que l'on m'a dit, faire voir une permission de l'Archevêque : pour les mauvais livres, on vous les communique avec beaucoup de politesse.

Les prêtres Italiens savent bien que Vienne est un bon païs pour le clergé: autrefois ils y venoient en foule: ils disoient la messe & suisoient les M......, ce qui leur valoit plus qu'une paroisse en Italie. Le Cardinal *Migazzi* les a tous chassés peu de tems avant mon départ. Cela m'a procuré le moyen de connoître un peu plus à loisir le fameux Abbé *Metastase*, avec lequel je n'avois pu entrer en liaison jusqu'alors, parce que je l'avois toujours trouvé entouré d'une foule de prêtres Calabrois, Napolitains & Florentins, qui faisoient chez lui un tapage du diable. Ce grand poëte est la meilleure pâte que je connoisse : je crois qu'il n'y a personne dans le monde qui puisse se plaindre de lui: il est encore très beau, quoique fort avancé en âge: on m'a dit qu'il a été très-amoureux dans son tems, & je le crois très volontiers: il n'y a jamais eu d'homme au monde, qui ait si bien connu les différents caactères des passions, & qui les ait si bien exprimés d'après nature. Tous les autres poëtes de toutes les nations & de tous les siècles ne sont rien auprès de lui à cet égard : il est aussi le poëte le plus harmonieux & la plus naturel de tous ceux que j'ai lus. Les poëtes François ne sont pas du même sentiment : mais *Metastase* est chanté perpétuellement par toutes les femmes, par tous les amans, par tous ceux enfin qui chantent dans les rues, & sur les théatres : & ces autres poëtes ne le sont pas. Mais ce grand poëte est trop débonnaire ; & sa débonnaireté a gâté bien du monde en Italie. Tous les mauvais poëtes de l'Italie ont pris l'habitude de lui envoyer leurs ouvrages ; & il a malheureusement pris celle de répondre à tous, que leurs poësies ont tout ce que le génie peut produire de plus beau : de pareils éloges encouragent nombre de sots ; & l'Italie se remplit insensiblement de tout ce que la sottise fait enfanter de plus détestable.

Depuis que les prêtres Italiens ont été chassés de Vienne, il n'y a presque plus de prêtres étrangers, que du païs de Liége. Ces Liégeois y sont demeurés comme gouverneurs d'enfans, quoiqu'ils soient les hommes les plus ignorants de la terre. Les Seigneurs de Vienne s'imaginent que leurs enfans apprennent le François, quand un abbé Liégeois leur enseigne son patois: & c'est là la principale raison qui engage les Viennois à rechercher les Liégeois. Cela me rappelle une conversation que j'ai eu depuis peu à Berlin avec M. *Busching*, le plus célèbre de tous les géographes. Nous parlames de la Russie où il a été, pendant plusieurs années, à la tête d'un séminaire de jeunes gens. A cette occasion il me raconta que l'Impératrice de Russie ayant été informée qu'il y avoit dans ses états un grand nombre de gouverneurs d'enfans François, qui ne savoient pas seulement le latin ni leur propre langue, elle ordonna que tous les gouverneurs qui se trouvoient dans les maisons des particuliers de ses états, eussent à se présenter devant une commission, qu'elle avoit nommée exprès à cet effet, pour en être examinés. Entre mille ignorants qui paurent devant la Commiſſion, il y en eut deux qui l'étonnèrent par leur bê‑ tiſe ſingulière. L'un ayant été interro‑ gé, comme tous les autres, s'il ſavoit ce que c'étoit que le nominatif, le gé‑ nitif, le datif &c, il répondit qu'il y avoit quinze ans qu'il avoit quitté Paris, & qu'en étant ſi éloigné il ne pouvoit pas ſavoir ce que dans cette ville, ſi fé‑ conde en nouveautés, on avoit imaginé de nouveau après ſon départ. L'autre enſeignoit déja depuis pluſieurs années la langue Françoiſe aux filles d'un Sei‑ gneur qui demeuroit dans une province méridionale de la Ruſſie; & il ſe trouva qu'il ne ſavoit que le patois Livonien, & pas un ſeul mot de François.

Je vous ai dit plus haut qu'il n'y avoit point de palais à Vienne: il faut que j'excepte le palais qui a été bâti par le fameux prince *Eugène de Savoye*, qui eſt un très bel édifice. Le palais de la Cour Impériale ne vaut pas plus, pour l'architecture, que celui de St. James. Outre le mauvais goût qui empêche les Viennois d'avoir de beaux bâtiments, il y a un règlement qui y met un grand obſtacle: c'eſt que les premiers étages de toutes les maisons appartiennent au Souverain, qui les distribue aux gens de la Cour, une grande partie des Ministres, des Conseillers & des autres employés étant des étrangers de toutes les nations, qui n'ont point de maisons à Vienne, & auxquels le logement coûteroit trop cher dans une ville si peuplée, s'ils étoient obligés de se le procurer à leurs dépens.

On ne fait point l'amour à Vienne avec cette liberté, que l'on voit dans les autres grandes villes: la Police a soin de l'empêcher: mais comme la nature se mocque des loix des hommes & des soins qu'ils prennent pour étouffer les sentiments qu'elle excite, l'effet que produit ici la sévérité & la vigilance de la Police c'est qu'on en vient, plus vite à des sottises & qu'on décampe: ainsi le rémede empire le mal. Il manque à bien des maris leurs femmes, & à bien des peres leurs filles, qui auroient sçû se soustraire à la chronique scandaleuse, si elles avoient cru pouvoir échapper à la vigilance de la Police. Il y a quelques années que des magistrats peu éclairés & bigots s'étoient imaginés de pouvoir exterminer la paillardife d'une ville auffi peuplée que celle-ci à force de faire les règlements les plus févères, & de févir contre les perfonnes qui avoient le malheur de tomber entre leurs mains. Mais l'expérience montra, que le mal ne ceffoit pas, & que ces rigueurs exceffives en avoient produit un autre qui étoit bien pire: car la débauche étoit fuivie du defefpoir, & les filles qui devenoient groffes, fe faifoient avorter; ou fi cela ne leur réuffiffoit pas, elles tuoient les enfants à leur naiffance pour dérober aux magiftrats le corps du délit. Ce defordre a determiné l'Impératrice à abolir ces mauvais règlemens, & à fubftituer la douceur à la févérité à l'égard des filles qui, fans mener une vie licentieufe, auroient le malheur de devenir enceintes. On eft allé jufqu'à défendre aux particuliers de reprocher à de pareilles filles leur faute, & de les régarder comme infames. Cependant on a laiffé fubfifter les ordonnances rigoureufes qu'on a crû propres à réprimer le mal, & les règlemens doux ne régardent que ceux qui ont bravé les févéres. Il faudra une plus longue expérience pour convaincre le gouvernement que dans les Etats monarchiques, ce vice n'est qu'un vice moral, & point un vice politique; & que la sévérité sur cet article est déplacée dans un état, où tout ce qui mene à l'amour, le luxe, les fêtes, les spectacles, les autres divertissements publics, la facilité, la nécessité même où sont les deux sexes de se voir souvent, la multitude & la fréquence des assemblées dans les maisons des particuliers, les parties de plaisir, la liberté dans la façon de vivre, dans les manières, & dans les mœurs, viennent de la nature même du Gouvernement.

Vienne est très-peuplée: la Bourgeoisie toute seule fait soixante dix mille ames. Le nombre des étrangers est très-considérable, dont la plûpart viennent ici pour leurs affaires, & pour chercher fortune. Le Conseil aulique de l'Empereur, qui, en concurrence avec la Chambre Impériale de Wezlar, juge en dernier ressort tous les procès de tous les sujets de l'Empire Germanique, en attire une grande quantité de tous les Etats de l'Allemagne. Mais les deux tiers de ces étran-

étrangers sont pourtant des sujets des différents Etats, que la Maison d'Autriche possède en Allemagne & ailleurs, d'où toutes les affaires d'importance sont portées devant le ministere, & les différents Conseils souverains établis dans la Métropole. Et comme le train de vie que l'on mene dans cette Ville, & la multitude des affaires traînent prodigieusement toutes les choses en longueur, il se passe souvent plusieurs années avant qu'un étranger puisse gouter le plaisir de voir que son affaire ait été prise en délibération. C'est la mer à boire, lorsqu'il s'agit seulement d'avoir une audience chez un conseiller quelconque. D'abord il faut gagner les bonnes graces de ses domestiques, pour qu'ils veuillent bien vous annoncer: puis c'est un grand bonheur, si les occupations de la toilette, de la table, du jeu, de faire & de recevoir des visites, permettent au maître de vous prêter une oreille attentive pendant deux minutes: après cela vous êtes renvoyé & oublié: pour lors il faut encore revenir au risque que Mr. le conseiller, fatigué de vos importunités, vous envoye chez un autre conseiller

& celui-ci encore chez un autre, jusqu'a ce qu'enfin vous trouvez celui, qui vous dit qu'il faut vous adresser à une autre cour de conseil, laquelle cour vous renvoye souvent, après bien des formalités, encore à celle, d'où vous êtes venu. Ici à Berlin c'est tout le contraire: tout va vite. Dans trois jours votre affaire se trouve où elle doit-être: & si elle y traine contre votre gré, il ne vous coute qu'un placet pour faire que le Roi s'en mêle.

Vienne a des manufactures considérables, dont la plupart prosperent bien: le luxe du pays, l'abondance des vivres, le Danube, la protection de la Cour contribuent beaucoup aux progrès de ces fabriques & du commerce en général. Le commerce pourroit prospérer encore beaucoup plus dans une Ville de cette nature: mais comme il y a un conseil de commerce, il n'est pas possible, que la théorie des conseillers & la pratique des négociants, les vues générales des premiers, & les intérêts particuliers des seconds tombent d'accord. Les Etats, où le commerce prospère le plus, sont ceux, où la bourse des particuliers ne dépend point de tuteurs publics.

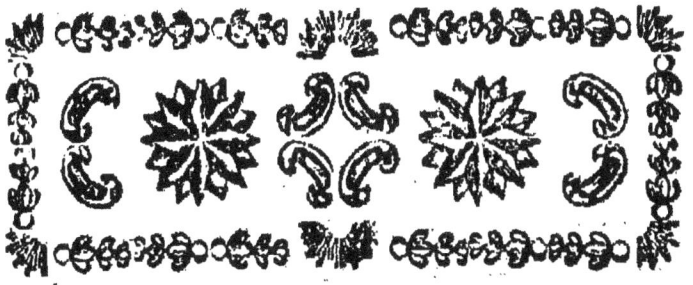

LETTRE SECONDE.

BERLIN le 20 Avril 1774.

Division de l'Allemagne en Cercles. Titres honorifiques ambitionnés par les Allemands. Zèle des Allemands pour le service de leurs maîtres. Occupations ordinaires des petits seigneurs de l'Empire: Princes ecclésiastiques: leur manière de gouverner. Chanoines: gens de mérite parmi eux: Moines: règlements de feu l'électeur de Mayence par rapport aux moines mendians: gens de mérite parmi les moines.

Je vous persécuterai continuellement par mes lettres jusqu'à ce que j'en aie reçu des vôtres; & je continuerai à vous donner des relations de mes voyages, pour vous engager à en faire autant envers moi. Après mon départ de Vienne, j'ai parcouru la Franconie, le haut & le bas Rhin & la

Weſtphalie, avant de me rendre à Berlin. Les provinces que je viens de nommer, forment différents cercles: car vous ſavez, puisque nous ſommes venus enſemble de la Hollande à Munich, que toute l'Allemagne eſt diviſée en cercles, qui ſont des eſpèces de généralités, partagées en pluſieurs grands & petits états, poſſédés par des princes, des prélats, des comtes, des barons & des villes qui ne relèvent que de l'Empire Germanique: ce qui fait que la nobleſſe d'Allemagne eſt diviſée en deux claſſes, la *médiate* & *l'immédiate*. La première eſt celle qui eſt ſujette des Rois, des Electeurs & des autres princes de l'Allemagne, & qui ne poſſède aucune terre libre & indépendante de tout autre que de l'Empire: l'autre eſt celle qui ne dépend que de l'Empereur & poſſède un état libre qui relève uniquement de l'Empire, ſans être ſous la domination d'aucun prince. La nobleſſe médiate peut être obtenue par des lettres patentes d'un prince de l'Empire; mais pour acquérir la nobleſſe immédiate il faut pluſieurs choſes, dont une des principales eſt de poſſéder une terre libre. Les Rois font des princes, des comtes, des barons & d'autres gentils-hommes de toute espèce ; mais les princes ne font que des comtes des barons & des gentils-hommes ; mais il n'y a que la maison d'Autriche qui jouisse de la prérogative, que la noblesse créé par elle, doit être reconnue par tous les princes de l'Allemagne : au-lieu que ceux qui ne sont redevables de leur noblesse, qu'à un diplôme d'un autre prince, sont traités partout ailleurs comme des roturiers. La noblesse immédiate regarde, pour ces raisons, la médiate avec beaucoup de mépris : celle-ci en récompense traite avec une hauteur inexprimable les bourgeois & les paysans ; & le mépris de ces derniers va tomber tout entier sur les bourreaux ; car le mépris circule en Allemagne, comme la vanité en France.

Les Bourgeois qui veulent se procurer le plaisir de pouvoir traiter avec dédain leurs égaux, sans avoir les moyens d'acheter un titre de noblesse & de figurer le gentil homme, se procurent un titre de conseiller. C'est ce qui fait qu'en Allemagne tout petit prince, tout petit comte & tout petit baron de l'Empire peut avoir, à peu de fraix, des conseillers de plusieurs espéces. J'ai vu des prélats, des comtes & des barons immédiats, qui avec un état de deux lieues tout au plus, avoient un conseil d'état, un conseil des finances, un conseil de justice, un conseil ecclésiastique, des presidens & des directeurs pour chaque chambre de conseil, un chancelier de la cour, d'autres grands & petits officiers. outre un grand nombre de conseillers qui n'en avoient que le titre. Bien de petits princes ont deux ou trois cens hommes de troupes & un conseil de guerre ; ils font battre monnoye & ont un conseil de monnoye, outre plusieurs autres chambres de conseil & quantité d'autres conseillers sans emploi. Les gages des conseillers en charge ne sont pas plus forts que ceux des valets de chambre: cependant ces ministres servent leurs maitres avec une exactitude & une assiduité, comme s'ils avoient un grand état à gouverner, & comme s'ils en recevoient de grandes récompenses. Les Allemands aiment à travailler & le font avec un plaisir extrême, quand ils y sont engagés par un titre. On ne les entend parler que du service de leurs souverains, des occupations & des peines que cela leur donne; & ils attachent un air de la plus grande importance aux plus petites bagatelles. Un président des finances du prince de .... dont le petit état est situé dans le cercle du haut Rhin, me racontoit un jour avec beaucoup de chaleur, qu'on délibéroit dans son conseil, déja depuis trois semaines, sur la demande, qu'avoit fait son prince, d'une somme d'argent pour acheter un cheval Anglois. *Nos princes*, ajouta-t-il, *se ruinent en chevaux Anglois: rien de plus inutile, puisque nous avons de très bons chevaux d'Allemagne: cependant hélas! je vois bien qu'il en faudra venir là & accorder la demande à notre souverain.* Ce prince dont le conseil des finances délibéroit, depuis si long tems, sur l'achat d'un cheval Anglois, avoit, outre les grands & les petits officiers de la cour, & les chambres de conseil communes à tous les seigneurs de l'Empire, cinquante hommes de troupes & des musiciens pour sa chapelle. Je demandai à ce président pourquoi son

monarque entretenoit des troupes, & pourquoi son conseil des finances ne lui faisoit pas de représentations à ce sujet, puisque son régiment ne pourroit pas vraisemblablement, en cas de guerre, tenir tete à deux cents mille hommes que les puissances belligérantes sont accoutumées d'avoir toujours sur pied. « Puisque votre maître, ajoutai-je, aime
« tant les beaux chevaux, accordez lui
« cinquante chevaux Danois, à la place
« des cinquante soldats. Leur entretien
« lui coutera moins que celui de ses
« troupes : il en tirera meilleur parti;
« car ils lui donneront d'excellent fu-
« mier pour engraisser ses domaines &
« de beaux poulains qu'il pourra re-
« vendre ". Mais le président trouva mon discours fort impertinent & fort injurieux : il me soutint qu'un prince d'Allemagne doit, de toute nécessité, avoir des troupes & une grande table pour soutenir le *decorum* de sa grandeur. Ce sont là des principes Allemands : il ne faut pas raisonner là-dessus.

Les occupations ordinaires de ces petits seigneurs de l'Empire sont la table & la chasse : leurs discours roulent sur leur généalogie, sur leur chevaux, sur leurs chiens & sur leur adresse à tuer le gibier. L'Allemagne produit tout ce qui est nécessaire pour faire bonne chere: ses plaines sont fertiles en bled, ses rivieres poissonneuses, ses bois remplis de toute sorte de gibier ; elle ne manque pas non p'us de vin. Ainsi, pendant que ces seigneurs demeurent chez eux, le bon ordre se soutient assez bien dans leurs finances; mais dès qu'ils s'avisent d'aller à quelque grande Cour, ou de voyager, ils s'endettent furieusement: après quoi ils reviennent chez eux tourmenter leur conseil des finances, qui tourmente à son tour les paysans; & bavarder avec leurs grands officiers sur les opéras, les comedies, les filles, les palais & les églises qu'ils ont vus, sur l'honneur qu'ils ont eu de baiser la mule du pape, sur les reparties spirituelles qu'ils ont faites & les avis importans qu'ils ont communiqués à l'Impératrice Reine, au Roi de France & au Pape qui furent tous enchantés de leurs discours.

Les princes ecclésiastiques ne se conduisent pas autrement que les séculiers:

ils aiment seulement un peu moins leurs sujets, & un peu plus leur argent: ces princes n'ont pas le même intérêt à ménager leurs sujets, que les princes séculiers. Ces derniers savent qu'en abimant leurs sujets, ils ruinent leurs familles; mais les ecclésiastiques ne sont point gênés par cette considération : ne s'embarrassant pas de leurs successeurs, ils peuvent à leur gré vuider les bourses de leurs sujets pour remplir les coffres des moines, pour bâtir des églises d'un mauvais goût, pour orner la cathédrale, pour fonder des messes, pour enrichir leurs parents & leurs maitresses & pour bâtir des maisons de plaisance où ils puissent se divertir à leur aise & boire à la santé du très saint fondateur de leur évêché. Comme ces princes ecclésiastiques ont de grands revenus, ils pourroient faire beaucoup de bien : s'ils faisoient leur devoir, ils pourroient eux seuls donner un tout autre aspect à l'Allemagne; mais ils ne sont pas tous de cet avis. D'ailleurs le clergé séculier & régulier, qui dans ces païs forme le peuple, le reste des sujets n'étant absolument rien, ne souffriroit pas, sans murmurer beaucoup, qu'un prince évêque s'avisât de tenir une conduite différente de celle qu'ont toujours tenue leurs louables prédécesseurs. Le clergé Allemand, comme celui de tous les païs catholiques, craint les nouveautés, de peur que passant d'une nouveauté à l'autre, on ne vienne enfin à le réformer. De plus si les princes suivent la route ordinaire, le clergé ne peut manquer d'y gagner; & s'ils s'en détournent, ce même clergé y perd nécessairement; parce qu'un prince qui envisage le bien du peuple, ne peut pas favoriser le clergé; comme un juge qui veut faire justice à une personne volée, ne peut pas protéger & soutenir le voleur. Je puis alléguer plusieurs exemples de ce que je viens de vous dire. Le feu électeur de Mayance aimoit ses sujets & cherchoit à les rendre heureux; mais le clergé murmuroit tout haut contre son maître pendant sa vie: & après sa mort il calomnia sa mémoire & persécuta ses ministres. L'Archevêque de Saltzbourg montre les meilleures intentions du monde pour ses sujets; mais d'insolens franciscains ont écrit un livre plein d'impostures & d'injures contre lui ; & d'autres méchants moines & méchants prêtres calomnient les meilleures de ses actions. Il vaudroit mieux faire pendre cette canaille, que les pauvres gens qui volent quelques fois dans le tronc d'une église, comme on fait dans toute l'Allemagne catholique à la honte de l'humanité & de la religion, ou des misérables qui volent un peu de beurre & quelques œufs pour ne pas mourir de de faim ; comme on a fait à Munich dans le temps que nous y étions. Le feu prince évêque de Passau, qui étoit de la famille des comtes de Thunn, essuya les mêmes desagréments de la part de son clergé; parce qu'il employoit ses gros revenus à bâtir de chemins & à établir des manufactures, au lieu de fonder des messes & de donner à manger aux peres lecteurs & aux peres gardiens des différents couvents : on alla jusqu'à faire défendre par le Pape, qui n'entendoit pas l'Allemand, ses livres écrits en langue Allemande, que des moines ont interprétés à leur fantaisie & suivant l'intention de ceux qui vouloient faire comdamner ces ouvrages, qui étoient trop bien écrits pour que des moines puffent les comprendre ; parce que dans les païs Catholiques de l'Allemagne on ne connoit pas le bon allemand.

Le préfent électeur de Cologne, de l'Illuftre maifon de Konigfegg, a fait des réglémens admirables pour l'inftruction de la jeuneffe, pour la police, pour les mœurs & la conduite des eccléfiaftique : ceux fur tout qui concernent l'inftruction de la jeuneffe, pourroient fervir de modèles pour toutes les écoles de l'Europe. Mrs. les Bar. de Belderbufch & de Furftenberg rempliffent les vues de ce prince avec une prudence & une dextérité extraordinaires. Mais il refte à craindre que le fucceffeur de ce grand prince ne regarde toutes ces belles chofes comme des horreurs, qu'il faut détruire. Ces princes, avant que de le devenir, ont paffé la plus grande partie de leur vie dans des occupations très éloignées de celles du gouvernement, & dans leur jeuneffe ils ont reçu une éducation & des leçons très oppofées à celles que doit recevoir un jeune homme deftiné à gouverner un peuple. La théologie, le droit canon & la fcience de reciter le breviaire & de dire la meffe ne mènent point à l'art de conferver & de faire fleurir un état; & un homme qui a passé toute sa vie dans l'étude de ces sciences profondes, dans le chœur ou dans la débauche, ne peut pas, lorsqu'il est fait prince tout-à-coup, parvenir à découvrir les besoins de l'état & les moyens de satisfaire à ces besoins : ne connoissant pas les loix, il ne saura pas faire rendre la justice : il sera la dupe de ses conseillers ; & ces conseillers sont les bourreaux de ses sujets. Son breviaire & sa théologie ne lui ayant pas appris que les richesses des sujets font la richesse du prince, il ne payera ni les dettes de son prédécesseur ni les siennes : il tiendra table ouverte & donnera à boire aux moines : il enrichira la femme de son grand maréchal & la famille de ses propres frères : il fera bâtir des autels & des écuries aux frais de ses paysans & de ses bourgeois; & il ne donnera ni aux uns ni aux autres les moyens de satisfaire à ces exactions. Un prince séculier, né pour regner, sait s'y prendre tout autrement : il a appris, par routine, à plumer ses sujets; mais cette même routine lui a aussi appris que pour en pouvoir tirer des plumes, il faut leur en faire croître : un tel prince donne & reprend ; mais un prince ecclésiastique ne fait ordinairement que prendre.

J'ai vu, de mes propres yeux, que les états gouvernés par des princes eccléſiaſtiques, ſont les plus miſérables de toute l'Allemagne: point de commerce, point de manufactures, point d'induſtrie: l'agriculture y eſt presque nulle: la population y languit: les chemins publics y ſont affreux: les villages y ſont rares & petits, & les forêts pour les chaſſes de leurs Alteſſes fréquentes & immenſes. Indépendament de ces fléaux, ces états eccléſiaſtiques portent encore un horrible fardeau, dont les états ſéculiers ſont exempts: c'eſt d'être obligés à entretenir dans la molleſſe la la troupe nombreuſe dont on tire ces bons paſteurs, ſavoir les chanoines qui donnent le prince-évêque, & les moines qui donnent le prince-abbé. Un état ſéculier qui auroit à nourrir vingt quatre ou trente princes pour en tirer un roi à la mort du roi regnant, ſe croiroit ruiné par ce ſeul fardeau.

Il faut pourtant que je rende juſtice aux chanoines & aux moines d'Allemagne. J'ai eu l'occaſion de conſidérer de près leur conduite. Les chanoines ne ſont pas avares: s'il y en a quelques uns, ce sont des vieillards qui ont assez dépensé dans leur jeunesse : ainsi en général ils font assez circuler l'argent : les femmes des ministres & les filles des conseillers en emportent une grande partie : cela fait vivre les marchands d'étoffes & de galanteries & quelques artisans : on envoye une autre partie de cet argent à la boucherie : ce qui fait subsister les bouchers & les paysans qui amenent leurs veaux, leurs bœufs & leurs moutons : les vins, les chevaux, les équipages, les parties de plaisir à la campagne consomment le reste de leurs revenus & au-delà, ce qui répand de l'argent parmi bien du monde. Les libraires sont ceux qui profitent le moins : aussi ne voit-on, dans les états ecclésiastiques, de bons libraires qu'au tems des foires : mais le libraire *Schwartzkopf* de Nuremberg m'a dit qu'il ne va plus à la foire de Saltzbourg, parce qu'il n'y avoit plus rien à gagner. Ce libraire avoit fait d'assez bons profits dans le tems que le comte de Firmian étoit archevêque de Saltzbourg : les parents de l'archévêque & leurs adhérents achetoient alors beaucoup de livres, & cultivoient les sciences ; mais ils furent cruellement persécutés par les moines Bénédictins, qui y sont en possession de l'université : l'Archévêque même ne fut pas à l'abri de leurs calomnies. Ces moines difoient que les comtes de Firmian & tout leur parti étoient des Francs-maçons, & que la preuve en étoit évidente, puisque dans leurs assemblées ils lifoient les œuvres du chef de la maçonnerie : ces œuvres étoient celles du fameux *Muratori* ; & vous savez que *muratore* en langue Italienne signifie maçon : ainsi ces savants professeurs de l'université ne doutoient pas que ce *Muratori* ne fût l'exécrable fondateur de cette secte diabolique. Vous avez su, avant d'entrer en Italie, que cet homme si détesté des moines Allemands étoit le plus savant & le plus pieux eccléfiastique de toute l'Italie, le bibliotécaire du duc de Modène, & l'idole de Benoit XIV. Le successeur de l'archévêque Firmian, se déclara l'ami des épagneuls & des moines, & ne voulut pas des francs-maçons, qui lifoient les annales de l'Italie & les traités sur le bon goût & sur la bonne dévotion de *Muratori*: les moines triomphèrent & *Schwartzkopf* n'eut plus rien à faire aux foires de Saltzbourg. Les chanoines risquent trop à lire de bons livres: les moines leur font la guerre, & la bourgeoisie se laisse conduire par les moines: il n'est pas prudent de s'exposer à perdre une principauté pour un livre de *Newton* ou de *Montesquieu*: il vaut beaucoup mieux aller voir les dames de la cour: les moines n'y trouvent rien à redire: car on peut être galant sans être franc-maçon. Quand je fus à Mayence, il arriva à deux chanoines un accident qui donna pour un moment matiere à rire dans une ville, où on ne fait ordinairement que se plaindre. Ces deux chanoines passoient devant le palais de la famille de *Dahlberg* en tenant des propos galants: un aveugle s'y étoit placé pour mendier: il n'avoit point de guide: il reconnut cependant les chanoines, & il leur dit: *Je prie vos excellences de me faire la charité pour l'amour de Dieu.* Les chanoines, surpris du titre que l'aveugle leur donnoit, lui repartirent:

si tu es aveugle, comment sais tu que nous sommes des excellences? Ah! Messeigneurs, répondit l'aveugle, *je sens bien à vos discours que vous êtes des chanoines.* Je vous ai fait ici par accident mention de la famille de *Dalbherg*. Cela me fournit l'occasion de rendre hommage au mérite singulier d'un jeune seigneur de cette maison qui est chanoine de Mayence. C'est un seigneur doué de rares qualités: il ne posséde pas seulement les connoissances propres à un ecclésiastique, qui ne mènent le plus souvent qu'à des extravagances; mais il posséde encore éminemment celles qui forment un philosophe & un prince. Il a beaucoup voyagé; & il n'a pas seulement vu les auberges & les églises, comme font les grands seigneurs de l'Allemagne catholique; mais il a vu & examiné tout ce qu'un homme de goût doit considérer. Le feu électeur, qui avoit beaucoup de bon sens, le fit gouverneur de la Thuringe; & si cela le mène avec le tems à devenir électeur, ce sera certainement un des meilleurs princes de l'Allemagne. Il ne fera pas de moines, mais beaucoup de païsans & d'artisans.

Le domestique d'un officier suisse, au service d'Hollande, étant tombé dangereusement malade en voyage, arriva à Mayence avec son maitre dans un état, qui l'empêchoit de poursuivre sa route. Son maitre voulut le laisser dans quelque auberge de cette ville: mais tous les aubergistes, l'un après l'autre, s'avisèrent de demander l'officier de quelle religion étoit son domestique. Le maitre leur répondoit que c'étoit un bon & honnête homme de la religion réformée: pour lors tous ces coquins lui fermerent la porte au néz en lui disant: Monsieur quand vous me donneriez cent écus par semaine, j'enverrois encore promener votre réformé. Un prince aussi bon chrétien, & aussi éclairé que Mr. de Dahlberg pourroit bien envoyer promener les méchants qui prechent & enseignent les maximes qui inspirent de pareilles haines de religion. Je ne vous parlerai point de Mr. de Hundheim, chanoine de Trève, car vous le connoissez assez par ses *Annales Trevirenses* & autres livres remplis de grandes vérités, de grandes vues & de la plus solide doctrine. Il y a parçi par là encore d'autres chanoines d'un très grand mérite.

Mais puisque j'ai rendu justice aux chanoines, il faut que je la rende aussi aux moines. Les moines Allemands ne sont pas aussi débauchés, aussi méchants & aussi scandaleux que ceux que j'ai vu dans les pays du midi, & que ceux que vous voyez en Italie: ils ont même les mœurs plus règlées que les François. Cependant si les moines d'Allemagne sont moins débauchés que ceux des autres païs, on en a toute l'obligation à *Martin Luther* & à ses adhérents qui ont fait les censures les plus vives de la conduite des religieux: car jusqu'au tems de la réforme, les moines Allemands & Anglois ont peut-être été les plus corrompus & les plus méchants garnemens de tout l'univers. Il n'y avoit aucun crime qu'ils ne se permissent pour rassasier leur avarice; & ils avoient imaginé mille moyens pour satisfaire leur impudicité. Le plus commun étoit de bâtir des couvents de religieuses, presque à côté de leurs propres couvents, & de pratiquer des souterrains par où ils pussent avoir communication avec ces saintes vierges, sans être apperçus. Il existe encore dans quantité d'endroits des vestiges de couvents de filles démolis, où l'on voit les souterrains par où les moines y pénétroient & les cavaux, où l'on jettoit les enfans, qui naissoient de ce commerce. Les moines étoient alors si décriés pour leurs débauches, qu'on avoit pris l'habitude de les représenter en différentes postures de la plus grande indécence dans les bas-reliefs que l'on gravoit sur les portails des églises. Sur le pupitre de la cathédrale de Strasbourg, il y avoit autrefois en bas-relief une nonne couchée auprès d'un moine, le moine tenant son breviaire ouvert & mettant la main sous la jupe de la Religieuse. Ceux qui voudront se donner la peine d'examiner les portails des anciennes églises où il y a des bas-reliefs, en trouveront de bien plus indécents, comme j'en ai vu moi-même en différents endroits; mais ces excès de débauche ne se commettent plus en Allemagne. Les moines des ordres mendiants sont à la vérité un peu intriguants & donnent souvent dans le libertinage, ce qui est une suite nécessaire de la mendicité qu'ils professent: car pour obtenir des aumônes en abondance, il faut faire tout ce que les gens charitables veulent: il faut aussi courir dans toutes les maisons; & quand on voit tant de belles servantes qui viennent ouvrir les portes, il est impossible de ne pas tomber dans de furieuses tentations. Le feu Électeur de Mayence, qui vouloit faire cesser ces désordres & ce scandale dans son diocèse, avoit défendu aux moines mendiants d'entrer dans les maisons bourgeoises pour demander l'aumône, en ordonnant qu'ils l'attendissent à la porte; mais ces moines déchaînerent tous les diables contre ce prince: il a été obligé de fermer les yeux & de les laisser aller comme de coutume. Cependant les moines Bénédictins qui sont les plus nombreux & les plus respectés en Allemagne, ne donnent point ordinairement dans ces excès. Leurs couvents sont, pour la plus part, à la campagne, où ils s'amusent à boire, à manger & à chasser. Ils éteignent dans un pot de bierre les passions qui tourmentent le reste des hommes: il y en a beaucoup parmi eux qui s'appliquent aux sciences monacales, comme la théologie, le droit-canon, l'histoire Ecclésiastique, l'histoire particulière de leur ordre & celle de leur couvent. Il est vrai que plus on s'occupe de sottises, plus ou devient sot; mais enfin cela les détourne de la débauche & des fripponneries dont les moines des autres païs font leur principale occupation. Il y en a même qui cultivent les belles lettres & les fciences utiles ; mais, apparemment par une malédiction que Dieu a prononcée contre tous les inftituts nuifibles à la fociété, les moines n'y font jamais de grands progrès malgré tous leurs efforts. Il n'y a que quelques Jéfuites qui ont échappé, je ne fais comment, à cette malédiction : car il y a eu, parmi eux, d'excellents écrivains & de profonds mathématiciens.

LETTRE TROISIEME.

Berlin le 30. Juin 1774.

Science des Allemands: manière d'étudier chez les Catholiques; manière d'étudier chez les Protestans. Professeurs des Académies protestantes; Gazettes Littéraires; Jurisconsultes, Théologiens, Canonistes, Poëtes, Historiens.

Les sciences & les belles-lettres ne sont point cultivées chez les Allemands catholiques, ou du moins elles le sont très mal. Il y a, par çi par là, quelques hommes de lettres; mais ils sont rares & d'ailleurs pleins de préjugés & sans goût. Si ces catholiques savants réussissent en quelque chose, c'est dans l'histoire; mais ils ont trop de préjugés & trop peu de gout pour la bien écrire. On m'a dit à Vienne, que l'Impératrice songe depuis longtems à y établir une académie des sciences: je

C

ne sais comment elle s'y prendra. Si elle veut la former de ses propres sujets, il faudra qu'elle la remplisse de théologiens & de médecins: si elle appelle des étrangers, j'ai peur qu'on ne la trompe; & ce seroit grand dommage; car je suis persuadé qu'elle assigneroit des appointements considérables aux membres de son académie, & qu'ils ne mourroient pas de faim, comme les académiciens de quelqu'autre académie.

Les Allemands protestans sont infiniment plus éclairés que les catholiques: chez les premiers, un garçon de vingt ans a plus de connoissances utiles & variées, que n'en a chez les autres un homme qui n'a fait qu'étudier toute sa vie. Cette différence vient de la différente éducation que reçoivent les uns & les autres. Chez les protestans on forme de bonne heure le goût aux enfants: on leur donne de bons principes: on les instruit des éléments de toutes les sciences solides: on leur donne enfin de bons fondements: chez les catholiques on fait tout le contraire: on remplit les enfants d'idées qui leur gâtent le goût & la raison; & on accable leur esprit de choses qui mènent à l'erreur, à la futilité, à la sottise. Quand on est une fois ainsi gâté dans sa jeunesse, il est presque impossible de se réformer, surtout si le gouvernement, les moines & la manière de penser de la nation y mettent encore des obstacles.

Il regne pourtant un grand abus dans les universités des protestans. On y permet à la jeunesse de s'appliquer en même tems à toutes les sciences qu'elle veut. Ainsi il y a beaucoup de jeunes gens qui, dans le même semestre (car toutes les sciences s'apprennent chez eux au bout d'un semestre) vont aux leçons d'algèbre, de géométrie, de physique expérimentale, d'histoire, du digeste & du droit public. Il est vrai que les Allemands sont extrêmement laborieux; mais un travail continuel émousse l'esprit; & tant de choses à la fois embrouillent la tête. Les enfants des peres aisés & sages deviennent rarement les victimes de cet abus: leurs parents leur donnent un gouverneur éclairé, qui les fait étudier avec ordre, & ne leur laisse pas embrasser à la fois plus de sciences que leur capacité & le tems ne leur permettent. Aussi est-il rare de voir chez les Protestans même, des personnes qui ayent à la fois de la science & du goût, excepté parmi la noblesse. Les autres savants & surtout les professeurs dans les universités ne sont souvent que des pédants sans goût & sans esprit. Quantité de professeurs sont des gens de la lie du peuple, qui, à force d'une application dont on ne trouve d'exemples que chez les Allemands, ont appris beaucoup de sciences en peu de tems. Quand ces infatigables étudiants croyent avoir été assez longtems aux leçons des autres, ils se mettent à en donner eux-mêmes : ils deviennent ensuite professeurs ordinaires. Mais les professeurs des universités protestantes n'ayant que de misérables appointements, sont obligés de donner des leçons particulières à des étudiants qui les payent exprès pour ces leçons: cela ne suffisant pas, ils donnent des leçons plus particulieres à quelque jeune homme riche, qui les paye largement pour avoir une heure pour lui seul & pour son gouverneur tout au plus : on appelle ce-

donner ou prendre des collèges extraordinaires : le professeur ne pouvant encore subsister avec cela, surtout quand il a une nombreuse famille, il faut qu'il se mette à faire des livres ; & il commence par faire imprimer des abrégés, *compendia*, des sciences qu'il enseigne: le débit en est sûr, parceque tous les étudiants en prennent; ainsi le libraire ne manque pas de les lui payer cinq livres par feuille. De là vient que l'Alemagne est toute inondée d'abrégés de toutes les sciences, qui sont tous copiés les uns des autres & qui tombent avec la mort de leurs auteurs. Il est par conséquent impossible qu'un homme qui depuis le matin jusqu'au soir ne fait qu'enseigner à des étudiants les élements de différentes sciences, puisse jamais devenir un savant, & encore moins un homme de goût. Tout le mérite de ces professeurs ne consiste donc qu'à avoir de bons principes & de bons élements, & à savoir exactement toutes les soudivisions des sciences qu'ils professent. Il est vrai que cela suffit pour la jeunesse qui vient prendre des leçons chez eux; mais cela ne suffit pas pour eux-mêmes, & encore moins pour l'air qu'ils affectent: car tous ces professeurs croyent être les premiers savans de l'Europe, & veulent passer pour tels, se mocquant hardiment de tous les ouvrages des vrais savants des autres nations, qu'ils mettent fort au-dessous de leurs abrégés. Dans leurs gazettes littéraires (car il n'y a presque point d'université protestante qui ne fasse des gazettes littéraires) ils donnent au génie le titre d'extravagance, & à l'esprit celui de faux-brillant; & il est bien naturel que des gens qui sont esclaves d'un certain nombre de règles, de définitions, de divisions, regardent comme des extravagants tous ceux qui s'élancent au-delà de ces bornes. Les préceptes sont faits pour les hommes qui n'ont pas de génie, afin de les empêcher de s'égarer; & ils sont tirés des observations que l'on a faites sur les ouvrages des hommes de génie, qui en les faisant n'ont consulté que la force de leur esprit, leur goût & leur bon sens. Les professeurs de Gottingue, qui sont payés par le roi d'Angleterre, ont beaucoup de bonté pour les auteurs

Anglois; mais ils s'en dédommagent bien fur les François qu'ils déchirent impitoyablement pour les moindres fautes, fans leur tenir compte de ce qu'il y a de bon & de neuf dans leurs livres. Quant à leurs compatriotes, ils les traitent affez cavalierement & avec un certain air de mépris, à moins que leurs ouvrages ne leur foient recommandés par quelqu'un de leurs collégues.

Il y a pourtant de grands hommes dans les univerfités & même dans les feminaires proteftans; mais ils font un peu rares. Ceux-ci fe forment d'une manière oppofée à celle du commun des profeffeurs. Dans leur jeuneffe ils n'ont pas embraffé trop de fciences à la fois: ils n'ont pas quitté trop tôt les univerfités: ils ne fe font pas mis d'abord à donner des leçons fur plufieurs fciences: ils n'ont pas perdu le refte du tems à compofer des abrégés; mais ils fe font donné le tems d'étudier & de lire avant de compofer eux mêmes des livres. Les ouvrages de ces favants font folides & intéreffants; mais il y en a pourtant peu qui fe faffent lire agréablement. Ces favants écrivent le plus communément dans leur langue: leur ftile eft ordinairement net & correct; mais ils donnent, pour la plupart, dans tous les autres défauts qui rendent un livre dégoûtant. Les uns font fi vains qu'ils donnent dans le ridicule : j'ai vu une brochure d'un favant médecin, qui a publié de très bons livres, où il y a même de l'efprit: cette brochure contient une relation d'une audience que l'auteur a eu du roi de Pruffe: on s'attendroit à y lire quelque chofe de bien intéreffant: point du tout. L'auteur furpris de l'honneur extraordinaire que lui fit le roi, qui en fait à tout le monde, fe trouvoit très embarraffé pour n'avoir pas de chemife propre: une dame bien gentille voulut bien lui prêter une paire de manchettes : avec cela il fe rendit chez le roi qui lui parla de médecine, comme il parle de morale à l'honnête & très lettré Juif Mofes *Mendelfon*, d'Homere à Mr. *Bitaubé*, d'hiftoire à Mr. *Wegbelin* & d'Apollonius de Thyane à Mr. de *Caftillon* qui a écrit contre *le fyftême de la nature*. Un libraire Allemand ayant entrepris de faire traduire en langue Allemande l'hiftoire univerfelle que Mr.

Guthrie & ses collègues ont publié en Anglois, il s'accorda pour la traduction de la partie qui concerne l'hiſtoire d'Allemagne avec Mr. le profeſſeur *Heyne*, qui paſſe pour un des plus grands hiſtoriens de l'Allemagne. Cet hiſtorien ne daignant pas faire le métier de ſimple traducteur, imagina de reduire l'original en abrégé. (car il faut toujours des abrégés pour les Allemands). Il commença donc par abréger l'hiſtoire des Carlovingiens; & il l'abrégea ſi bien, qu'il omit tout ce dont un lecteur de bon goût ſouhaite principalement d'être inſtruit. Après cela il ſe fait un compliment à lui-même d'avoir ſu faire un ſi bon choix de ce qui devoit entrer dans l'hiſtoire de ces princes & de ce qui en devoit être écarté. *Il faut un hiſtorien philoſophe*, dit-il, *pour ſavoir faire un choix judicieux: la bonne philoſophie mépriſe tout ce que j'ai omis:* & il continue ſur ce ton à déc'amer contre les hiſtoriens qui ne ſont point philoſophes. Les auteurs des autres nations, parlent ſouvent d'eux-mêmes avec la même vanité quant au fond; mais ils y mettent plus d'artifice, plus de détours & font paroître moins d'orgueil.

Les autres font minucieux à l'excès: ils vous accablent de détails inutiles: ils vous affoment à force de bagatelles. Le professeur *Habrlin* qui a succédé à l'historien philosophe *Heyne* dans la composition de l'histoire d'Allemagne, ennuye prodigieusement les lecteurs à force de leur marquer scrupuleusement où les empereurs ont dîné, où ils ont soupé, & quels ont été leurs convives : c'est une nouvelle façon d'écrire l'histoire, que de l'écrire par les diners & les soupers des princes ; mais cette façon est bien ennuyeuse.

D'autres ont un stile pesant, lourd, fade & infipide, qui vous fait bailler à chaque instant; & c'est là le défaut de la plus grande partie des Historiens de l'Allemagne.

Il y en a qui, dans leurs ouvrages, veulent montrer de l'esprit ; mais ils tombent souvent dans l'afféterie, dans le bas ou dans le ridicule. Les lettres de feu Mr. Gellert passent chez les Allemands pour des chefs-d'œuvres d'esprit ; mais un étranger auroit de la peine à y en trouver. On voit au contraire qu'elles ont toutes été jettées dans le même moule ; & que l'auteur à force de se donner toute la peine pour être naturel, a réussi à ne l'être point du tout. L'écrivain a affecté d'être naïf; mais on sent la peine que cela lui a couté, & on voit encore qu'il n'a su imaginer & employer a cet effet qu'un seul moyen. Mais ce même *Gellert* a pourtant publié de très belles fables & d'autres ouvrages de mérite. Parmi les ouvrages que je connois, ceux de Mr. de *Haller*, de *Gesner*, de *Rabener*, de *Wyeland* & de *Zimmerman*, sont réellement écrits avec beaucoup d'esprit & d'agrément ; & il y en aura sans doute d'autres que je ne connois pas. J'ai mis ici au nombre des Allemands trois Suisses : cependant les uns different des autres à bien des égards: ils n'ont presque de commun que le langage.

Les Protestans Allemands s'attachent à toutes les sciences, sur les quelles ils ont publié des livres de la plus grande importance pour la solidité & la vérité qui, sans doute, sont toujours le principal mérite d'un ouvrage. La Jurisprudence leur a pourtant bien peu d'obligation: fans *Thomafius* & *Henneccius*, ils y feroient encore tout-à-fait barbares: le premier étoit un génie: le second un compilateur excellent & très judicieux, qui a tiré le meilleur parti possible des grands ouvrages des jurisconfultes François & Hollandois, qui ont écrit fur le droit Romain. Cependant les jurisconfultes modernes ne laissent pas d'être, assez généralement, des pedants entichés de leurs définitions, divisions, foudivisions, de leurs régles & de leurs corollaires, esclaves du droit des anciens Romains que l'imbécille *Juſtinien* a encore étrangement défiguré, ou du droit des anciens Germains, qui comprend les coutumes d'habitants de forêts où il n'y a plus que du gibier. Ces jurisconfultes n'ont ni la prudence législative, ni les connoissances qui y conduifent. Si jamais ils s'avifent de cultiver cette partie, ils feront trainer un joug compofé de régles & de définitions. Le Roi de Pruffe qui voit bien que son peuple ne doit pas être gouverné par des loix que les jurisconfultes ont imaginées pour un peuple du midi qui vivoit & penſoit autrement que le ſien, ni par des coutumes des anciens Germains, qui n'avoient ni villes, ni d'autres beſoins que ceux qui ſont communs à tous les animaux, a fait compoſer un nouveau code de loix pour l'adminiſtration de la juſtice dans ſes états ; mais le Chancelier de *Cocceji*, qui a écrit bien des diſſertations & bien des volumes ſur le droit Romain, fit, à la façon des juriſconſultes & de la plus grande partie des profeſſeurs d'Allemagne, un abregé du droit Romain, au lieu d'un code propre à gouverner des peuples qui ne ſont pas fait comme les Romains ni anciens ni modernes. Ainſi ce code reſta ſans exécution, comme de raiſon. Le principal metier des juriſconſultes Allemands eſt de faire des diſſertations en foule, des notes à des livres d'autres juriſconſultes, & des abrégés qu'on ne lit point hors de leur claſſe. Tout cela ne regarde que les juriſconſultes qui profeſſent purement le droit civil. Mais parmi les publiciſtes de la religion proteſtante il y en a de ceux qui ont des connoiſſances, une érudition & une solidité extraordinaire.

La théologie & le droit-canon, qui ne font gueres que des fous chez toutes les autres nations, ont produit de grands hommes en Allemagne, comme en Angleterre & comme autrefois en France. *Mosbeim, Boebmer* & *Pertfcb* ont laissé des ouvrages d'un mérite extraordinaire. J'ai connu autrefois à Gottingue Mr. *Micbaelis* qui est profondément savant. Je connois à Berlin trois théologiens d'un grand mérite, Mr. *Spalding*, qui est en même tems un excellent orateur, Mr. *Teller* qui passe (mais à tort sans doute) pour le héros des sociniens modernes & qui a publié des ouvrages très intéressants, & Mr. *Eberbard* qui a fait frémir les théologiens d'Hollande, parcequ'il a fait voir, dans un ouvrage plein de charité & de bon sens, que Socrate ne peut être damné. Je connois d'autres théologiens qui excellent également dans d'autres sciences que dans la théologie: tel est Mr. *Jerufalem* de Brunswic, grand orateur & grand philosophe; tel est Mr. *Bufcbing*, qui est actuellement à Berlin, qui a publié une géographie qui fait honte à tous les livres géographiques du monde: tel est Mr. *Ernesti* de Leipsick, grand humaniste, & qui est peut être le seul théologien, & surement le seul Allemand, qui ait écrit en beau latin; car je ne compte pas les *Murets*, ni les *Sadolets*, ni les *Bembes* parmi les théologiens, quoiqu'ils ayent dit la messe & fait le vœu de chasteté qu'ils ont si mal observé: tels sont enfin Mrs. *Semmler* & *Crammer* dont on a d'excellens ouvrages, qui ne concernent pas la pure théologie.

Les Allemands vantent beaucoup leurs poëtes. Vous savez, mon ami, que je ne lis guères les poësies épiques ni lyriques des modernes. Je n'aime dans ces deux genres que les anciens, soit que je haïsse la rime, soit que je trouve dans les langues anciennes une harmonie, une force, & d'autres beautés que je ne trouve pas dans les modernes. J'ai lu quelques piéces dramatiques qui ne m'ont pas satisfait; mais j'ai relu plusieurs fois avec plaisir les poësies philosophiques de Mr. *Haller*. En général il me paroit que dans les belles lettres les Allemands jugent mieux qu'ils n'écrivent: je trouve parmi eux un exemple qui est peut-être unique: plusieurs de leurs auteurs ont publié des livres qui contiennent d'excellentes observations sur la langue latine & sur les anciens auteurs classiques; mais le latin de ces auteurs est affreux. Mr. *Gatterer*, professeur de Gottingue, a donné de très belles règles pour bien écrire une histoire: il a fait des observations très judicieuses sur Hérodote, Thucidide, Tite Live, Denis d'Hallicarnasse, Diodore de Sicile & Plutarque; mais il écrit lui-même d'une manière bien différente de celles des historiens, qu'il a si bien étudiés.

Les Allemands, qui sont féconds en ouvrages utiles & solides, ont des livres sur des matières que les autres nations ont jusqu'à présent entièrement négligées. Tels sont principalement ceux qui traitent de la constitution & de la force du gouvernement des différents états du monde, du commerce, des manufactures, de l'industrie & du caractère des différentes nations, des productions des différents païs. Les géographes François n'ont donné jusqu'à préfent que des notions trop peu détaillées & presque toujours fauffes, arbitraires, & ridicules fur toutes ces chofes. Mr. *Achenwal*, le baron de *Bielefeld* & furtout Mr. *Bufching* ont publié fur tout cela, des livres de la plus grande importance: Mr. *Toiz*, homme de génie, favant hiftorien, les furpaffera encore tous les deux, s'il continue fon ouvrage en fe donnant la peine de détailler un peu plus l'état préfent des différents pays de l'Europe au risque de devoir devenir un peu plus précis fur leur état ancien.

LETTRE QUATRIEME.
Potzdam le 18. Août 1774.

Roi de Prusse; audience chez lui: sa façon de vivre: ses occupations: Colonel Quintus: comment le roi dirige toutes les chambres de conseils: chapellains du roi: cas que le roi fait de certaines doctrines théologiques: commerce: dépenses du roi pour faire rebatir Berlin. Potzdam: Conseillers en titre. Berlin, sa population: mauvaises qualités du bas peuple. Etat du commerce dans les différents païs de l'Allemagne. Influence des différentes religions & des différents gouvernements sur le commerce en Allemagne. Académie de Berlin, ses différents membres. Liberté des libraires Prussiens. Mœurs & manières des Allemands protestants & catholiques. Jésuites des états Prussiens. Eglise catholique de Berlin: méchancetés du père Mécénate son fondateur. Administration de la justice dans les états Prussiens. Tactique de l'armée Prussienne: secrets du Gouvernement. Nombre des troupes Prussiennes.

Je me suis rendu ici pour me procurer une audience du roi: rien ne fut plus aisé: je lui fus présenté le lendemain de mon arrivée en cette ville, vers les cinq heures du soir. En entrant dans la salle où le roi me reçut, je remarquai deux sentinelles, qui étoient si immobiles & si collées à la muraille, que je les ai prises d'abord pour des peintures à fresque. La même chose m'étoit arrivée à Anspach, lorsque je fus présenté au marcgrave C'est une posture bien gênante & bien incommode, surtout en hiver, pour ces pauvres diables. J'attendis un moment dans la sale; ensuite le roi sortit de ses chambres, & parut accompagné de Mr. Catt, son lecteur. Je n'eus pas le tems de lui faire un compliment; car il m'adressa d'abord la parole. Il est passé de mode que les rois affectent d'être fiers & orgueilleux : cette coutume ne s'observe plus que chez les petits princes & chez les évêques. Le roi me parla toujours avec la plus grande affabilité; & je ne me trouvai pas plus gêné devant lui, que je ne l'aurois été avec un particulier. J'ai parlé à d'autres grands princes qui m'ont tous reçu presque avec la même humanité; mais chez le roi de Prusse, j'ai joui d'un avantage que je n'ai pas eu chez les autres, qui est de n'avoir pas été embarrassé pour le choix des choses dont je devois lui parler ; parcequ'il entre & s'étend sur toutes sortes de matières, ayant de grandes connoissances en tout. On m'a assuré à Vienne que l'Empereur & l'Impératrice ne laissent pas non plus en peine ceux qu'ils honorent de leur audience, & qu'ils leur tiennent les discours les plus convenables aux circonstances où ils se trouvent & à leur capacité. Mais j'ai remarqué que quelquesuns de leurs courtisans sont si bouffis d'orgueil, que je n'ai pas voulu acheter l'honneur de parler à ces Monarques, au prix des mortifications que que j'aurois eu à essuyer dans les antichambres. Je n'ai été importuné ni à l'entrée, ni au sortir de l'audience du roi de Prusse, soit par les regards curieux ou les questions importunes des gens de service ; car il n'y avoit absolument qu'un valet de chambre. Le roi est au-dessus de tout ce faste qui fait plaindre aux personnes de bon sens la condition des princes : l'empereur a le même goût que le monarque Prussien : ainsi ils sont les seuls souverains dans le monde, qui jouissent également des avantages des têtes couronnées & de ceux des particuliers: l'un & l'autre sortent sans gardes & presque sans aucune suite. Le roi n'aime ni la chasse, ni aucun autre plaisir dispendieux, ou propre à occasionner trop de distractions, il n'a ni maitresses, ni confesseurs. Ainsi appliqué presque continuellement aux affaires de l'état, & a ses études, il ne fait essuyer à ses sujes ni les intrigues, ni les folles dépenses d'une maitresse, ni les cruautés & les fourberies de la bigotterie. Les sommes que d'autres princes prodiguent pour leurs amusements, ce monarque les employe à fournir aux habitants les plus ruinés de la campagne, des bœufs, des vaches, des chevaux & d'autres choses necessaires à la culture des terres. Cependant malgré tous les soins qu'il se donne, l'agriculture ne prospere pas. Il y a peu d'argent, & le peu qu'il y a, ne circule pas. Malgré ce défaut d'argent tout est aussi cher ici à Berlin, que dans les villes qui en abondent le plus; le bois, par exemple, est si cher que l'on seroit tenté de croire, que

Tome I.

l'on se chauffe d'épiceries: mais ce ne sont pas les païsans qui en profitent, ni les propriétaires: c'est une compagnie qui a le privilége exclusif de le vendre.

Le monarque a règlé sa vie de façon qu'on peut savoir quelles sont ses occupations à toutes les heures du jour. Le matin, il lit les lettres qui lui sont adressées, & dépêche ses affaires: tous ses sujets ont la liberté de lui écrire, & ordinairement il fait réponse à tous. Deux secrétaires du cabinet lui font les extraits, & il marque à côté, en peu de mots, la substance de la réponse qu'ils doivent y faire: mais il lit lui même les lettres de quelqu'importance, & signe de sa main les réponses dressées par ses secrétaires. Après cela il va à la promenade & puis à la parade. A midi il se met à table où il dine avec quelques généraux. Un prêtre Italien, nommé *Bastiani*, s'y trouve aussi le plus souvent: & c'est sur lui que le roi décharge sa bonne ou sa mauvaise humeur. L'après diner le roi s'amuse à lire, à écrire, à donner quelque audience, à entendre un

concert où il joue de la flûte traversiè-
e; & après le concert le colonel *Quintus* se rend auprès du roi, qui ne le quitte
qu'à neuf heures, tems auquel le roi se
couche. Le colonel *Quintus* est un savant. Son véritable nom de famille est
Guischard. Son père étoit un réfugié
françois, établi à Magdebourg: le fils a
été quelque tems candidat & magister
en théologie, & aspiroit à une chaire:
n'ayant pas réussi faute d'occasion, il
passa en Hollande où il demanda une
chaire de professeur ou une compagnie
dans les troupes: la chaire lui ayant
manqué, il obtint la compagnie: ce fut
alors qu'il écrivit ses mémoires sur Polybe & sur les notes que le chevalier Folard
a faites à l'ouvrage de cet Historien: ces
mémoires furent si goutés par le roi de
Prusse, qu'il l'appella à son service & lui
donna une légion à commander, en
changeant son nom de *Guischard* en celui
de *Quintus Jcilius*: dans la derniere
guerre ce colonel fit de grands butins,
dont il profita cependant très peu: car il
ne lui en reste qu'une belle bibliothèque
dont il fait très bon usage. Ce favori
du roi n'a cependant pas plus de huit

cents écus, monnoye de Prusse, de pension, pendant que le Major de la légion que le colonel *Quintus* commandoit durant la guerre, & qui a été reformé comme tous les autres, en a douze cents. Le roi est dans l'opinion qu'il seroit inutile de donner de l'argent à Mr. *Quintus*; parceque sa trop grande libéralité le réduiroit toujours à la même disette: aussi ce prince se contente-t-il de l'assurer qu'il aura soin de lui & de sa famille. Il y a environ un an que la femme de Mr. *Quintus*, qui est une des plus aimables dames que je connoisse, accoucha d'un garçon: le roi voulut en être le parrain; & à cette occasion il lui fit la plaisanterie de lui envoyer d'abord en présent une grammaire grecque & puis de lui donner lui-même une ancienne montre de tombac, garnie de pierres de marcassite, d'une fabrique de Magdebourg qui n'existe plus. Le colonel qui a de grandes connoissances dans les antiquités grecques & Romaines a publié, il y a quelques mois, un ouvrage sur les campagnes de Jules César en Espagne, & sur d'autres articles intéressants. Le roi à qui il le dédia, lui fit présent d'une tabatiere d'or où il y avoit, à ce que d'autres m'ont dit, une bonne somme de louis d'or. Le colonel en envoya un exemplaire à l'Empereur; & ce monarque lui fit remettre une collection de médailles d'or, qui contient la suite des empereurs de la maison d'Autriche, présent dont la valeur est estimée plus de deux mille écus.

Ce monarque est informé de tout ce qui regarde la population de ses états en général, & de chaque province, de chaque ville, de chaque seigneurie en particulier; de tout ce qui concerne l'augmentation & la diminution du commerce, des fabriques & des manufactures; du nombre & de l'état de toutes les familles nobles, des couvents, des églises, des paroisses, d'autres fondations perpétuelles; de la qualité & des productions des terreins des différents pays, enfin de tout ce qui peut avoir la moindre influence sur le bien public & sur ses finances : & tout cela ne lui coûte que quelques coups d'œil, qu'il jette sur des tables exactes que les gouverneurs & les différents tribunaux des provinces sont obligés de lui envoyer tous les ans. l'Empereur a introduit, depuis quelques années la même methode à la cour de Vienne par rapport aux différents états qu'elle possede en Allemagne & ailleurs. Et quand un prince veut tout voir par ses yeux, & examiner ainsi lui même ses affaires, il seroit bien étonnant qu'il ne songeât aussi quelques fois à celles de ses sujets ; car jamais les unes n'iront bien sans les autres.

Le roi n'intervient à aucun des conseils ; mais il y préside pourtant par les ordres continuels qu'il envoye à toutes les chambres par les chasseurs qui portent tous les jours ses lettres de Potzdam à Berlin. Quelque fois il mande aussi les ministres à Potzdam & leur ordonne de vive voix ce qu'il veut qu'ils fassent. Il est ainsi à la tête de toutes les chambres des conseils de ses états, & il sait tout ce qui s'y fait : il dirige tout ; & ses ministres sont plutôt les exécuteurs de ses ordres que ses conseillers.

Le roi a des chapellains, comme tous les princes ; mais il ne les a jamais vu faire leurs fonctions ; car il ne va point à l'église. Il les laisse faire & écrire tout ce qu'ils veulent ; mais il se mocque de tout ce qu'ils font & de tout ce qu'ils écrivent. Sa théologie est celle de la raison; & son droit canon est dans les arsenaux. Toutes les religions sont permises dans ses états; mais il empêche bien que les doctrines particulieres de chaque religion ne puissent faire aucun tort ni aux droits de la couronne, ni à ceux de l'état. Il permet aux catholiques de soutenir dans leurs disputes académiques & dans leurs livres, que le Clergé est exempt, de droit divin, de tout impôt & de la jurisdiction laïque; mais il ote à ce Clergé la moitié de ses revenus, & charge l'autre d'impôts; & les écclésiastiques qui commettent des crimes contre la société, sont punis par les magistrats ordinaires de la religion protestante. Il laisse enseigner par les théologiens calvinistes & luthériens que la dissolution du mariage n'a lieu que pour cause d'adultère & de désertion malicieuse; mais il permet le divorce à tous ceux qui le lui demandent pour des causes raisonnables: il en agit ainsi dans tout le reste: le bien public l'emporte auprès de lui sur les sottises, les fourberies, les préjugés & les opinions communes.

Ce roi fait tous les efforts pour établir le commerce dans ses états ; mais il n'en est pas encore venu à bout : les impôts sont beaucoup trop forts, eu égard à la pauvreté de ses sujets ; & les dépenses sont trop petites pour faire ressortir de ses coffres une assez grande portion des sommes immenses qui y sont renfermées : d'ailleurs les privileges exclusifs qu'il a accordés, sont si nombreux, qu'il n'y a presque aucune branche d'industrie qui soit libre ; & malgré cela il en accorde encore tous les jours ; & la plupart de ces monopoleurs sont des avanturiers étrangers qui font banqueroute au bout de quelque tems : plusieurs d'entre eux ont même emporté l'argent que le roi leur avoit avancé, pour les mettre en état de faire valoir leurs talents.

L'article où le roi aime à dépenser le plus, c'est en bâtiments. Il a fait construire un beau palais à peu de distance de Sans-souci, qui lui a coûté des sommes considérables. Il fait encore démolir & rebâtir à ses dépens toutes les maisons de Berlin qui n'ont pas assez bonne mine. Les maisons neuves restent à leurs anciens propriétaires ; mais ils sont, pour la plus part, hors d'état de faire les frais des portes, des fenêtres, du fer, du plomb & de l'ameublement de ces maisons; ainsi ils sont obligés à cet effet d'emprunter de l'argent chez les Juifs, qui en peu de tems deviendront vraisemblablement les propriétaires d'une grande partie de Berlin. Ce Roi a fait aussi des dépenses considérables à bâtir des bourgs & des villages, à dessécher des marais, & à faire creuser des canaux. Cela vaut bien mieux que de prodiguer son argent aux fainnéans & aux frippons comme il se fait ailleurs.

Ces nouveaux édifices rendent la ville de Berlin la plus belle de toute l'Allemagne; mais les rues de cette belle ville sont extrêmement sales & puantes, à cause des ruisseaux pleins d'ordures, qui regnent le long de presque toutes ces rues; & ce qu'il y a de pire, c'est que lorsqu'on nettoye ces ruisseaux, on arrange, des deux côtés, les ordures que l'on en a tirées, pour les y laisser secher à l'air, ce qui l'empeste d'une si horrible manière, que toutes les maisons en sont infectées, & qu'on ne peut pas demeurer dans les chambres qui donnent fur les rues, fans en être cruellement incommodé. Le roi vient de faire bâtir une belle place; & les Berlinois difent que, lorsqu'elle fera achevée, elle égalera celle de St. Marc à Venife; mais il ne fuffit pas de la même longueur & de la même largeur, pour en faire une auffi belle place: il faudroit une églife pareille à celle de St. Marc, qui fît face à l'un des bouts & une autre églife pareille à celle de S. Geminien qui fit face à l'autre bout de la place avec de fuperbes bâtiments & de grands portiques, des deux côtés, comme à Venife.

Potzdam où le roi fait fa réfidence, eft une très belle petite ville, qui n'exifte dans l'état où elle eft, que depuis très peu de tems; car toutes les maifons font neuves. Il n'y a aucune ville dans le monde où de pauvres artifans, de fimples foldats & autres gens de cette forte, foient fi noblement logés: car toutes ces belles maifons n'appartiennent qu'à des gens de la derniere claffe; & il ne demeure ici qu'un très petit nombre de perfonnes de condition, de celles qui font à la fuite de roi. Le prince héréditaire lui-même eft logé avec la princesse son épouse dans une grande & belle maison d'un brasseur de bierre, au second & troisième étage. Pour moi, je fus logé chez un conseiller de la cour ; mais ce titre ne doit pas vous en imposer; car Mr. le conseiller n'est qu'un simple cabaretier: il est vrai qu'il se donne des airs; mais c'est aux dépens de ceux qui descendent à son auberge ; & il se garde bien de recevoir ceux qui ne lui paroissent pas être en état de faire de la dépense *car je ne suis pas aubergiste, dit-il, mais conseiller de la Cour; & je ne reçois les gens comme il faut, que par humanité, pour ne pas les laisser languir dans les misérables cabarets de cette ville.*

Je vous ferai remarquer en passant, que le roi de Prusse est le prince de l'Allemagne qui sait tirer le plus de profit de la sotte vanité, qu'ont les bourgeois allemands d'être décorés de titres. On m'a dit qu'il y a dans ses états cinquante sept espèces de conseillers en titre. Je ne sçai si l'on n'a pas exagéré; mais ce qu'il y a de sûr, c'est qu'il n'y a presque pas de bourgeois qui ait trois cents florins à dépenser pour une fois, qui n'achete, avec cet argent, un titre à la Cour. On y vend même le titre de médecin & de chapellain de la cour, quoique le roi ne se serve ni des uns ni des autres. Ce monarque ne vend cependant pas les charges effectives, comme on le fait en France, & encore moins celles de la judicature. Il ne donne ces dernieres charges qu'à des gens honnêtes & habiles, ce qui fait que dans ses états, la justice est beaucoup mieux administrée que chez les princes qui se vantent d'avoir plus de religion que lui.

Berlin est une très grande ville pour l'Allemagne, & elle est beaucoup trop grande pour sa population: car il n'y a tout au plus que cent mille ames, y compris la garnison qui est de vingt mille hommes. La noblesse y vit assez honnêtement, mais sans luxe: une grande partie de cette noblesse subsiste des charges qu'elle occupe; mais le roi donne de petits appointements: cependant il est mieux servi que les princes qui payent largement leurs ministres. Le luxe ne mene qu'à la débauche, à l'oisiveté au pillage: les bourgeois de la premiere classe sont assez honnêtes; mais le bas peuple est ce qu'il y a de plus vil dans le monde: tous les domestiques, hommes & femmes, volent; & ils ont tous l'adresse de voler sur des articles où il est difficile de les convaincre de leur crime. Les femmes & les filles des pauvres bourgeois & des soldats sont presque toutes des caltins: je ne sais pas s'il y a des maisons publiques de débauche, comme dans les autres grandes villes; mais ces filles vous dispensent d'en chercher; car elles viennent effrontément dans votre logement, sous prétexte de vous vendre des manchettes & autres choses pareilles. La plus grande partie des servantes font le même métier; & si elles deviennent grosses, il est défendu à leurs maîtres de les chasser avant la fin de l'année: ce qui a été réglé pour empêcher que la crainte d'être mises à la porte ne les obligeât à se faire avorter. Le vice contre nature fait ici de grands progrès, comme dans quelques autres pays de nord; au lieu qu'il diminue beaucoup en Italie; ainsi je doute fort que ce soit un vice du climat, comme on le pretend communément.

Il y a à Berlin beaucoup de manufactures; mais elles ne prospèrent gueres. Le Roi a fait planter une grande quantité de muriers dans tous ses états; & il a fait de très bons réglements pour porter les particuliers à en faire autant; mais la foye de ces païs est très mauvaise, & les ouvrages qu'on en fait ont l'air ulé dès la troisième fois qu'on les porte. Cependant les François qui sont ici, ont fait pour le roi & les personnes de la famille royale de très belles étoffes; mais ils y ont employé de la soye étrangère: d'ailleurs ils n'en font pas pour les particuliers, parce qu'elles coûteroit plus cher que celles de Lyon. Les manufactures de draps réussissent mieux; mais il n'y a que le drap bleu que l'on puisse pour la bonté comparer aux draps d'Angleterre: mais quant au prix, le Prussien est plus cher que l'Anglois.

Dans mes différents voyages, j'ai constamment remarqué que deux choses s'opposent aux progrès du commerce, l'esclavage & la superstition. Les états d'un prince ne font nulle part aussi commerçants que les états libres : & plus le prince gouverne en despote, plus le commerce en souffre. Je pourrois démontrer cet article ainsi que l'autre par la comparaison des différents états de l'Europe entre eux ; mais je ne veux pas sortir de l'Allemagne, puisque je vous écris des lettres sur l'Allemagne, & non une dissertation sur le commerce. Les évêchés & les archevêchés de l'Empire Germanique sont les plus dépourvus de commerce : aussi la superstition & l'oppression y sont-elles plus fortes que partout ailleurs. Dans les états de quelques petits princes protestans on voit déjà quelques manufactures & quelques marques de commerce ; & rien n'empêche qu'il n'y fleurisse, que le gouvernement dur de ces petits despotes : cela est évident par l'expérience : car comme il existe par çi par là, dans les païs protestans, quelque prince sage & humain, on voit au premier coup d'œil que les fabriques & le commerce y prospèrent ; & si ces choses n'y font pas les progrès dont elles sont susceptibles, cela vient uniquement de ce qu'un bon prince n'a pas toujours été précédé & n'est pas toujours suivi d'un prince du même caractère. Le roi de Prusse a des états catholiques & des états protestants : les premiers sont presque sans commerce, malgré les soins que ce prince s'est donnés pour l'y établir, au-lieu que les seconds ont poussé le commerce aussi loin qu'il est possible dans la situation où ils sont. Il en est de même des états de l'électeur Palatin. Les païs de l'Allemagne où l'on voit vraiment fleurir le commerce, sont les villes libres de la religion protestante comme Francfort, Nuremberg, Augsbourg, Lubeck, Brême & principalement Hambourg : toutes ces villes n'ont qu'un très petit territoire & sont entourées des états des différents princes qui cherchent à leur nuire autant qu'ils peuvent ; mais leur liberté & leur religion triomphent de tous ces obstacles. Cologne est admirablement située pour le commerce : elle est libre comme celles que je viens de vous nommer : aussi est-elle commerçante ; mais il s'en faut beaucoup qu'elle ne soit autant qu'elle devroit l'être : ce qui ne peut venir que de la religion catholique qu'elle professe avec toutes les superstitions que les siécles barbares lui ont ajoutées. Voici une preuve décisive de la différente influence que les deux religions ont sur le commerce Il y a dans l'Empire des villes libres où les deux religions sont également dominantes. Dans toutes ces villes, les Luthériens sont industrieux, appliqués aux fabriques & au négoce, riches, puissants ; les catholiques au contraire, sont pour la plupart paresseux, bigots, pauvres. Augsbourg en fournit l'exemple le plus frappant. La même différence, à l'égard de l'industrie & de l'aisance des citoyens, se trouve dans les états des princes où les deux religions sont également tolérées : les catholiques sont pauvres dans les mêmes endroits où les protestans sont riches.

J'ai encore remarqué une autre particularité dans les différents païs de l'Allemagne : c'est que partout où il y a des calvinistes, ceux-ci sont à proportion plus riches que les luthériens : Francfort sur le Mein m'en a fait venir la première idée ; & elle s'est vérifiée partout où j'ai eu lieu de voir des calvinistes & des luthériens ensemble dans le même endroit. Si vous examinez les autres états protestans de l'Europe, vous trouverez que, proportion gardée par rapport à la différence des climats, de la situation, de la fertilité de ces différents païs, les états où la religion calviniste domine, sont plus florissants que ceux de la religion luthérienne. Il semble par conséquent que plus une religion s'éloigne de la religion catholique, plus elle produit de bonheur, & que plus une religion s'en approche, plus elle devient pernicieuse. En Hollande les Mennonites sont plus riches que les calvinistes mêmes; & la religion mennonite diffère encore plus de la catholique, que celle de Calvin. Cette observation ne me donne aucune mauvaise opinion de ma propre religion; mais elle me confirme seulement dans l'aversion que j'ai toujour eue pour les superstitions que les frippons y ont ajoutées. Je crois qu'un catholique raisonnable & honnête est quelquefois tenté d'avoir honte de l'être non à cause de la religion, mais à cause des superstitions dont la fourbe l'a chargée, c'est du moins ce qui m'arrive souvent; mais nulle part, autant qu'en Allemagne, parce que les contrastes entre les catholiques & les protestans y sont trop frappans, & trop au desavantage des premiers.

Berlin a une académie des sciences que le roi remplit de sujets qui veulent bien se contenter de modiques appointements : il y a cependant quelques académiciens d'un grand mérite, tels que Mr. *Schultzer*, Mr. *la Grange*, Mr. *Lambert*, & quelques médecins & chymistes. Mr. *Lambert* a publié des ouvrages de mathématiques très importants, qui ne sont pas lus autant qu'ils le méritent des étrangers, parce qu'ils sont écrits en langue Allemande; ni des allemands même, parce qu'ils en trouvent le stile un peu trop dur, & obscur. Mr. de *Castillon*, autre académicien, m'a dit qu'il vouloit faire un extrait de tous les ouvrages les plus utiles de Mr. *Lambert*, & les insérer dans des articles qu'il compose pour une nouvelle édition de l'Encyclopédie. Ce Mr. *Castillon* est un mathématicien qui aime beaucoup la théologie contre la coutume ordinaire des mathématiciens, qui ne s'attachent qu'aux démonstrations : je crois que le roi a voulu le mortifier pour les livres théologiques qu'il a écrits, en lui ordonnant de traduire en françois la vie d'Apollonius de Thyane, écrite par Philostorge, dont il y a une traduction angloise du moins des deux premiers livres, ou le traducteur a joint des notes très propres à choquer toutes les espèces de théologiens : le Roi a voulu que Mr. de Castillon commençât sa traduction françoise sur cette traduction angloise sans en omettre les notes.

Mr. Formey est le secrétaire perpétuel de cette Académie : c'est ce même Mr. Formey qui a écrit tant de livres médiocres, qui, dans ce siécle très éclairé, ont eu plus de débit que les bons, comme Mr. *Luzac* libraire & imprimeur de Leyden, qui a imprimé une bonne partie de ces ouvrages, le raconte lui-même à tout le monde, en riant de tout son cœur.

Cette académie est presque toute remplie de Suisses & de François. Il y a dans les états du roi & à Berlin même, des Allemands qui y seroient meilleure figure, que quelques uns de ces étrangers ; mais le roi n'aime pas les savants allemands. Je fus étonné de trouver parmi les Académiciens Mr. l'abbé *Pernetty*, moine bénédictin ; & je le fus bien plus encore lorsque j'appris qu'il étoit aussi le premier bibliothécaire de la bibliothèque royale, tandis qu'il est notoire que le roi a beaucoup de peine à admettre dans l'Académie des ecclésiastiques protestants. Mais on m'a dit que que ce prince regarde les ecclésiastiques catholiques, comme des gens qui n'ont d'ecclésiastique, que l'habit. L'académie a plusieurs fois demandé au roi Mr. *Moses Mendelson*, honnête & savant juif : mais ce monarque ne paroit pas disposé à la complaire.

Les libraires ne sont point gênés ici comme ailleurs : ils peuvent faire imprimer & débiter tout ce qu'ils veulent. L'auteur de l'*histoire politique des établissements des Européens dans les deux Indes* a inséré dans son ouvrage une déclamation contre le roi dont il a été fort choqué & qu'il a fait réfuter dans une petite brochure composée par Mr. *Moulines*, ministre François de la religion réformée : cependant, on peut avoir l'ouvrage réfuté chez tout les libraires de Berlin. La réfutation valut à Mr. Moulines l'entrée à l'Académie : le roi l'avoit d'abord refusé, parce qu'il est ministre ; mais quelque tems après il a bien voulu se laisser fléchir à l'y admettre.

J'ajouterai encore un mot sur les mœurs & les manières des Allemands. Les protestans & les catholiques diffèrent encore à cet égard entre eux, comme ils diffèrent au sujet des sciences. Ces derniers sont ordinairement grossiers, superstitieux ; la morale du bas peuple est le bâton : dans les villes, & sur tout à Vienne, les parvenus se distinguent par un sot orgueil, & beaucoup de fadaise ; & l'ancienne noblesse par une aimable débonnaireté. Les protestans au contraire sont extrêmement polis, un peu officieux même, grands faiseurs de révérences, caressants, sobres & actifs. Quand on lit que les Allemands sont de grands buveurs & de grands mangeurs, il faut entendre cela des catholiques. Avant Luther, toute l'Allemagne étoit yvre d'un bout à l'autre, pour le moins tous les dimanches & toutes les fêtes ; mais

Luther qui ne paroit pas avoir été lui-même trop sobre, a reformé les mœurs ainsi que la religion, dans les païs qui ont suivi sa doctrine. Dans les païs catholiques, la populace danse & boit à la fureur presque dans toutes les auberges: cela se voit très rarement chez les protestans. Les évêques, les prélats & les autres grands seigneurs catholiques, ne sont plus aujourd'hui aussi portés pour le vin qu'ils l'étoient autrefois, mais il y a pourtant tous les jours à leur table une si grande profusion de mêts & de vins, qu'elle doit choquer toutes les personnes un peu sobres, tant pour les excès qu'on est obligé d'y faire malgré soi, que par la longueur du tems qu'il faut y rester assis. Malgré leur extrême grossierté, les catholiques allemands sont naturellement bons: les bourgeois & les Gentils-hommes qui ne voyent pas souvent la cour, sont en général de très-bons lourdeaux, qui font tout le bien qu'ils savent faire, qui est de donner à boire & à manger. Mais les protestans de toute condition sont fins, réservés & un peu méfians : ils aiment moins la société & la gaieté que les catholiques, parcequ'ils se craignent, se portent envie, ou se haïssent plus facilement les uns les autres: leur société est un peu gênante, à cause de leurs éternels complimens, de leur réserve, & à cause que la franchise, qui est extrême chez les catholiques, est nulle chez les protestants: enfin l'Allemagne n'est pas un païs où un etranger puisse être tenté de s'arrêter: il ne faut que la parcourir: si vous y fréquentez les cours & les gens de cour, vous êtes gêné de mille façons: il y a mille étiquettes à observer; & mille curieux sont continuellement attentifs à toutes vos démarches. Si vous évitez les cours, vous tombez dans des sociétés d'hommes, où vous trouvez les inconvénients que je viens de vous décrire. Le gros des protestans vous assomment à force de politesses & de simmagrées qui ne signifient rien, & le gros des chatoliques vous accable d'impolitesses & de brusqueries.

J'oubliois l'article de votre lettre, concernant les jesuites. Le roi n'a pas voulu se conformer à la bulle du pape; & l'on dit que la raison en est que le pape a négligé de négocier avec le roi pour l'engager à consentir à l'abolition de cet ordre. Quelle qu'en soit la raison, il est constant que le roi étant à Breslau, a assuré le recteur du collège de cette ville, qu'il les garderoit & soutiendroit dans ses états en dépit de toutes les bulles & de toutes les foudres de Rome. Deux ans avant l'abolition des jésuites le roi fit écrire au pere *Ricci*, leur général, pour l'engager à prévenir l'orage qui alloit tomber sur son ordre, en s'offrant de le recevoir dans ses états avec toute sa troupe, & en lui promettant toute sa protection & toutes sortes de privilèges. J'ai vu la réponse du général dans laquelle il remercie le roi de l'affection qu'il témoignoit pour son ordre ; mais il déclare en même tems, qu'il ne lui conviendroit pas de se retirer chez un prince hérétique, quand même il devroit arriver à sa compagnie le malheur, que le roi lui prédisoit; mais qu'il étoit d'ailleurs très persuadé que le pape ne songeroit pas à faire ce tort à sa société. Malgré cette réponse le roi lui fit encore écrire une seconde lettre pour lui renouveller ses offres, en l'assurant que l'abolition de la société étoit décidée : mais le général persista dans son refus. Je suis très perfuadé que le principal motif qui a déterminé le roi à foutenir les jéfuites après leur abolition, c'est qu'il s'imagine qu'ils viendront en foule fe retirer dans fes états en y apportant leurs tréfors & leurs talents. Mais les jéfuites font trop rufés pour cela: à mon avis, il n'en viendra pas un feul; & dans ce cas, le roi ne tardera pas long-tems à les abolir auffi dans fes états.

En attendant le bruit s'est répandu que le roi veut donner aux jéfuites de différentes nations la nouvelle églife catholique de Berlin; & qu'il veut y faire prêcher en allemand, en polonois, en francois & en Italien pour le falut des catholiques de ces nations qui font en garnifon à Berlin, & des autres étrangers qui demeurent ou viennent ici. en effet c'est dommage que cette belle églife, fondée dans une ville proteftante, où il y a tant de gens de lettres & où le commun des proteftants eft le plus fenfé de toute l'Allemagne, foit deffervie par deux cochons d'un couvent d'Halberftad, qui paroiffent toujours ivres quand ils prêchent & quand ils chantent. Cette eglie est bien malheureuse : ses premiers pasteurs sont deux vilains & ignorants moines qui la profanent & la deshonorent. Son premier fondateur a été le plus méchant de tous les moines. Ce fut un pere *Mécénate*, Dominicain de Rome, qui a fait tant de fripponeries, qu'on pourroit en composer un livre. Voici un trait de sa vie qui pourra vous faire juger du reste. Ayant été obligé de quitter Rome pour les crimes qu'il y avoit commis, il alla à Lisbonne où il sut se gagner l'amitié & la confiance d'un riche négotiant qui étoit Juif. Le pere *Mécénate* qui le soupçonnoit tel, lui en arracha le secret en seignant d'être juif lui-même. Après cette confidence, il lui persuada de vendre ses biens, d'en acheter des diamants, en gardant une bonne quantité d'argent comptant, de charger tout cela sur un vaisseau anglois & de passer ensemble en Angleterre Le négociant fit tout ce que son ami lui avoit conseillé : le jour du départ étoit déja fixé : les coffres avoient été transportés à bord d'un vaisseau anglois ; mais le moment où l'on devoit s'embarquer étant arrivé, le Pere *Mécénate* alla denoncer son ami à l'inquisition: celui-ci fut arrêté dans l'instant qu'il sortoit de sa maison: le délateur s'embarqua, feignant que tous ces coffres appartenoient à lui seul & emporta de cette façon les trésors du négociant qui fut brulé la même année. Cette perfidie ayant été découverte en Angleterre, & le moine ayant d'ailleurs consumé par ses debauches la plus grande partie de son vol, il vint à à Berlin, où il proposa au roi d'accorder aux catholiques la liberté de bâtir une église, & se fit autoriser à faire pour cet effet des quêtes dans tous les païs catholiques: cela lui donna le moyen de voler plus de quarante mille écus à l'église, ce qui fut cause que malgré les grandes aumones que l'Impératrice Reine, le Cardinal *Querini* & d'autres princes catholiques lui ont envoyées il y a déja longtems, elle n'a pu être achevée & consacrée que l'année dernière.

Vous n'aurez plus, mon ami, pendant bien du tems de mes lettres. Je quitte l'Allemagne pour jamais. Je vais faire une troisième tournée en Italie, & je passerai peut être par la Suisse en dépit des montagnes & de la saison: car
com-

comme je voyage à mon aise, & que je m'arrête par çi par là, l'hyver sera déja commencé quand j'arriverai devant les Alpes.

J'oubliois de vous parler d'un article important. Mr. de Montesquieu dit quelque part dans son esprit des loix, que les formalités de la justice, dans le rapport qu'elles ont avec la liberté & la sureté des citoyens, prouvent, que les peuples où elles sont le plus en usage, sont les plus libres : & que les peines, les dépenses, les longueurs, les dangers même de la justice sont le prix que chaque citoyen donne pour sa liberté. Ce sentiment pourroit avoir lieu à l'égard des procès criminels : mais quant aux procès civils il me semble que tous les demandeurs & tous les défendeurs pourroient bien aimer, les premiers d'avoir ce qu'ils demandent le plûtot possible, & les seconds d'être condamnés, ou absous sans avoir a essuyer trop d'inquiétudes, ni trop de frais, qui sont les suites inévitables des formalités. J'ai vu bien des peuples, qui ne sont pas plus libres que les sujets du Roi de Prusse ; chez qui les procès

E

sont pourtant sujets à tant de formalités, qu'il est rare de voir une famille, qui après avoir eu un long procès ne soit pas tombée en ruine soit qu'elle l'ait gagné, ou perdu. Ici au contraire il est rare de voir qu'un procès ruine qui que ce soit. Dans les états du roi les procès sont courts, pas toujours si courts, à la verité, qu'on le croit dans les pays étrangers, mais on les traîne toujours beaucoup moins que dans les autres états monarchiques. Ce n'est pas tout : les femmes & la méchante législation ne gâtent pas ici l'esprit & le cœur des juges, comme cela arrive presque par tout ailleurs. Quant aux femmes elles n'ont point d'influence sur le ministère, ni sur les gens de robe, parce que cette coutume n'a pas encore gagné ici. Quant à la législation elle ne peut pas faire ici le mal, qu'elle fait, sur le pied où elle est, par la bêtise de notre siècle éclairé, dans les autres pays, parceque dans ces états elle est presque nulle. Les loix Romaines, ou pour mieux dire, les pièces de rapport, l'ouvrage en mosaïque de Justinien, n'ont ici, comme de raison, aucune autorité : parceque le roi, qui est philosophe, trouve que c'est le comble de la folie humaine, que des peuples du dixhuitiéme siécle soient gouvernés par des fragments détachés, sans aucun ordre & sans le moindre discernement, des ouvrages contentieux & minutieux de quelques praticiens de l'ancienne Rome : le code Fredéricien n'a point d'autorité non plus, parceque celui, que le roi avoit chargé de faire de bonnes loix, a composé, au lieu d'un code de loix, un abrégé du droit romain. Il reste encore les loix du pays : mais il y en a huit volumes in fol. ce qui vaut autant que s'il n'y en avoit point du tout. Ainsi les juges prussiens décident les affaires selon leur bon sens naturel ; & puisque les femmes ne s'en mêlent pas, & que d'ailleurs il faut craindre le roi, qui ne s'en laisse pas imposer, la justice est aussi bien administrée ici, qu'il est possible qu'elle le soit dans un siécle tel que le notre. Il est trop dangereux pour les gens en place de faire des fripponeries sous un roi qui n'a ni maitresses, ni confesseurs.

Vous vous appercevrez aisément, que malgré tout ce que je vous ai mandé sur les états du roi de Prusse, j'ai pourtant gardé le silence sur bien des choses. Mais ce n'est pas ma faute. Les Prussiens ne sont pas comme les Parisiens qui savent tout ce qui se fait à la cour de Versailles, & qui en disent plus qu'ils n'en savent. Le roi s'ouvre peu à ses ministres, & ceux ci ne s'ouvrent point du tout aux autres. Tout se fait ici dans le silence, même bien de ces choses qui se font ailleurs à la vue de tout le monde. On cache par exemple aux étrangers jusqu'aux manœuvres qu'on fait faire en certains temps aux troupes. Les puissances étrangères se flattent d'avoir dérobé aux Prussiens leur tactique, parceque peut-être elles ont sçu imiter, renchérir même sur la manière de gêner de grands hommes sous des uniformes étoits & courts, mais ce n'est pas là la tactique des Prussiens. Des officiers, qui ont lu tous les livres & les réglements qui ont été publiés dans les autres pays de l'Europe sur la tactique des troupes, m'ont assuré que tout cela n'est rien en comparaison de la tactique Prussienne. Ils prétendent que celle-ci contient bien des secrets, qui sont entiérement inconnus aux autres puissances, & qui font le principal mérite des troupes Prussiennes. L'ouvrage intitulé la Tactique Prussienne n'a pas décélé ces secrets. Mr. Guibert, dont le livre sur la Tactique a fait tant de bruit, ne les a pas connus. Mr. le Colonel *Quintus* prétend même qu'il s'y est beaucoup trompé, & qu'il a attribué aux Prussiens des principes & des manœuvres qu'ils n'ont jamais adoptés, ou qu'ils exécutent tout autrement qu'il n'a marqué dans son livre. Mr. le major de *Pirch*, qui, après avoir été lieutenant dans les troupes Prussiennes, a passé au service de France où il a publié un livre sur la tactique, y a mieux réussi, à ce que ces officiers disent ; mais toute la tactique Prussienne n'y est pas encore selon eux développée. Je m'imagine que vous voudriez bien savoir le nombre des troupes du roi : c'est encore un article, où je ne puis pas vous satisfaire. Les uns prétendent qu'elles montent à cent quatre vingt mille hommes, les autres les grosfiffent encore de vingt mille hommes. Tout ce que je fais bien pofitivement, c'eft que je ne fors jamais par aucune des portes de Berlin, que les fentinelles ne me demandent de l'argent pour boire. Il y a deux jours, qu'en paffant vers minuit devant une fentinelle auprès de l'arfenal, ce foldat m'aborda, avec la formule ordinaire pour avoir de l'argent. Comme je m'apperçus aifément à fon langage qu'il n'étoit pas Allemand, je me mis à le queftionner, & d'une queftion à l'autre, je vins à apprendre qu'il avoit été Jacobin, & fécrétaire de l'inquifition dans le Milanois.

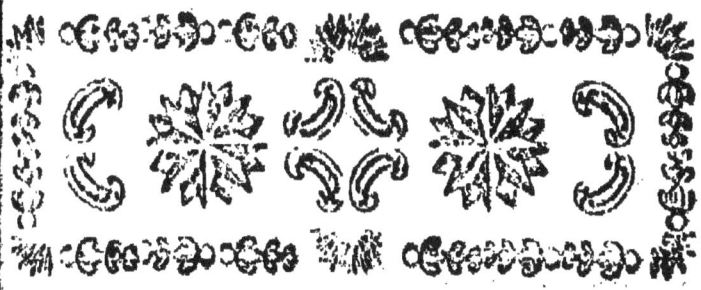

LETTRE CINQUIEME.

Inspruch dans le Tyrol le 12.
Novembre 1774.

Douanes Autrichiennes ; beaux chemins & bonnes auberges des pays Autrichiens; Univerſités; Avantages des univerſités catholiques ſur celles des Proteſtants ; Jéſuite d'Inſpruch qui enſeignoit vingt quatre langues; Pere Serviſte, ſa façon de penſer, & ſa note ſur un paſſage de Columelle.

Voulez-vous ſavoir, puisque vous devez repaſſer par l'Allemagne, à quelles marques vous pourrez connoître que vous êtes en païs Autrichien ? quand à la porte d'une ville, on vous déboutonnera la culotte, pour voir ce que vous avez de caché dans la poche de la montre & dans celle ou vous mettez votre argent ; & qu'après cette opération on vous menera tout fatigué du voyage à la douane, pour y faire examiner, pendant une heure, vos coffres, vos caffettes & vos livres, foyez perfuadé que vous êtes en païs Autrichien. Ce font les feuls endroits de l'Allemagne & même de l'univers où l'on fouille de cette façon les étrangers. Dans les états du roi de Pruffe, que le vulgaire regarde comme le roi le plus terrible de la terre, lorsque vous arrivez à une ville, un foldat monte derriere votre caroffe & vous accompagne à votre auberge, où des commis de la douane viennent voir très refpectueufement ce que vous avez dans vos coffres, fans toucher à vos poches ni à votre culotte: vous ne courez aucun risque de perdre vos livres, quant même ce feroient des libelles contre le roi & contre tout fon miniftère, aulieu que vous êtes fûr qu'on vous les enlève dans les païs Autrichiens, lorsqu'ils font dans le catalogue des livres défendus, fait par cinq ou fix perfonnes, deftinées à décider du merite de tous les livres & de tous les auteurs de l'univers. En échange vous trouvez partout dans les païs Autrichiens de très beaux chemins & d'excellentes auberges, au lieu que vous mourez de faim & de laſſitude dans presque toute la baſſe Allemagne, tant les chemins & les auberges ſont mauvais & déteſtables, hormis dans les villes capitales ; & cela eſt bien pire que d'avoir à faire a d'inſolents commis.

On me diſoit à Vienne, qu'il y avoit un proverbe uſité parmi ceux que leurs emplois ou leurs affaires appellent dans le Tyrol, qui dit : *adieu monde, je m'en vais à préſent dans le Tyrol.* Ce mot pourroit avoir quelque grace dans la bouche d'un François, d'un Anglois, d'un Italien, dont les mœurs, les goûts & la façon de penſer ſont tout à fait différents ; mais je ne vois pas comment les Autrichiens, les Bohémiens, les Carinthiens &c. peuvent trouver le Tyrol auſſi extraordinaire pour eux: puiſque, quant au païs, il eſt très beau pour un païs de montagnes; & quant aux mœurs & à la façon de penſer, les Tyrolois & les autres peuples d'Autriche ſe reſſemblent parfaitement : on y mange & on y boit partout : partout le gros de la noblesse provinciale croiroit se dégrader en disant un petit mot amical à son tailleur, à son cordonnier, ou à son marchand de vin : par tout des fils de paysans devenus prêtres & gouverneurs d'enfants communiquent à leurs élèves leur air empesé & suffisant : partout il y a force chambellans actuels qui n'osent se présenter à la cour pour faire actuellement leur service, & force conseillers actuels qui n'osent se montrer au conseil : partout il se trouve des gens qui se donnent un air d'importance, les uns par un gros ventre, les autres par un habit riche ; encore d'autres par le mépris qu'ils montrent envers tous ceux qui les environnent : partout la populace travaille toute la semaine pour avoir de quoi s'enivrer, danser, casser les verres & se battre à coups de poing le dimanche : partout il y a des gens sensés & éclairés qui servent bien leur souveraine, & qui se mocquent des abus qu'ils ne peuvent corriger.

On m'a fait faire ici la connoissance de deux professeurs qui passent pour des *esprits forts*, qui ont été persécutés comme tels par les Jésuites, & que leurs adhérents continuent de persécuter encore : l'un soutient que le pape est au dessous des conciles : l'autre que les dixmes ne sont pas de droit divin, ni de droit naturel : voilà ce qui leur donne cette méchante réputation.

Il y a ici une université aussi bonne qu'elle peut l'être dans un païs de l'Allemagne catholique. Ici, comme dans tous les autres endroits de l'Allemagne catholique, les moines enseignent depuis la grammaire jusqu'aux sciences les plus sublimes. Il est plaisant de voir les régles de la géométrie expliquées par un homme que sa profession oblige, en d'autres occasions, à soutenir des choses diamétralement opposées à ces règles; & il est encore plus plaisant d'entendre expliquer Cicéron & Tite Live par un homme qui ne connoit les antiquités & l'Histoire Romaine que par les leçons sur les martyrs qu'il lit dans son breviaire. Il n'y a de professeurs séculiers que pour le droit & la médecine; le droit Canon est encore enseigné par un moine, qui, dans ses leçons, détruit la moitié de ce que les étudiants ont appris chez les professeurs du droit civil; parceque le droit de l'église combat les loix civiles, comme le clergé combat les laïcs.

C'est en vérité grand dommage que dans les universités catholiques de l'Allemagne les sciences soient si mal enseignées: sans cela elles auroient de grands avantages sur celles des Protestans: dans les premieres les professeurs sont mieux payés; & par conséquent ils n'ont pas besoin d'employer tout leur tems à donner, pour de l'argent, différents colléges aux étudiants & à s'abrutir eux mêmes à mesure qu'ils s'occupent à instruire la jeunesse. Chez les Protestans quantité d'écoliers arrivant de leurs hamaux dans les universités avec des mœurs brutales y deviennent encore plus méchants, parceque les professeurs sont obligés de les ménager pour qu'ils n'abandonnent pas leurs leçons, & qu'ils n'aillent pas porter leur argent à un de leurs collègues: au contraire les professeurs catholiques qui ont de quoi vivre sans le secours de leurs étudiants, s'en font respecter & leur apprennent à vivre. Outre cela, la plupart des univerſités catholiques ſont dans des villes où il y a une cour ou une grande nobleſſe, où les étudiants d'une certaine condition peuvent trouver des amuſements honnêtes dans les heures de loiſir & prendre des manieres polies & civiles; au lieu que les princes proteſtants ont érigé presque toutes les univerſités dans des endroits où il n'y a que des profeſſeurs & de petits bourgeois, chez lesquels les écoliers n'apprennent que des manieres gauches & pédanteſques & qu'à faire des ſimagrées, ſuppoſé que leurs gouverneurs ou leur bon naturel les empêche de donner dans la brutalité. Enfin chez les catholiques les ſciences ne s'enſeignent point par ſemeſtre, comme cela ſe pratique chez les proteſtants pour avoir, dans la même année, le payement des collèges de deux ſemeſtres. La méthode des catholiques a procuré aux profeſſeurs la faculté de s'étendre un peu plus dans leurs leçons, & d'apprendre à leurs écoliers un peu plus que les définitions & les diviſions de chaque matiere: elle ménage auſſi aux profeſſeurs, ainſi qu'aux écoliers, quelques mois de repos, nécessaire aux uns pour étendre leurs connoissances, & aux autres pour repasser dans leur esprit & digérer ce qu'ils ont appris, avant de se charger la tête de nouvelles matieres, au risque de confondre & d'embrouiller ce qu'ils ont appris avec ce qu'ils ont encore à apprendre.

La ville où je suis, m'a rappellé deux être singuliers que j'y ai vus quand j'ai passé par ici dans mon dernier voyage, & que j'avois entièrement oubliés. L'un étoit un Jésuite, nommé *Weitenaver*. Les savants de cette ville, (car il y en a partout & même dans le Tyrol, & ce qui plus est dans le Tyrol Allemand) me disoient que ce pere *Weitenaver* possédoit, je ne sais, si c'est dixhuit ou vingt quatre langues. J'eus la complaisance de les croire, puisque j'avois eu celle de croire les anciens historiens au sujet de la science & de la mémoire prodigieuse de Mithridate, qui, selon eux, parloit la langue de vingt deux nations soumises à sa domination, & qui outre cela possédoit toutes les sciences de la Grèce. Je fus donc voir cet émule du roi de Pont; & je lui adressai la parole en Allemand: il me répondit dans le jargon ordinaire des Autrichiens & des Tyrolois, qui écorche les oreilles & qu'on a peine à entendre: cela me fit croire que la langue Allemande n'étoit pas du nombre de celles dont ce rare génie faifoit profeffion; ainfi je lui parlai tantôt françois, & tantôt italien; mais je crois qu'il me répondit en hébreu; car je n'entendis abfolument rien de ce qu'il me dit. Je fus donc obligé de revenir à la langue allemande dans laquelle il me raconta qu'il avoit nombre d'écoliers auxquels il apprenoit toutes fortes de langues, aux uns dans vingt quatre heures, à d'autres dans une femaine & enfin à d'autres dans un mois, fuivant les talents & la mémoire d'un chacun: il me fit auffi préfent d'une grammaire où il avoit raffemblé dans un très petit volume in 8º. les premiers éléments de toutes ces langues: cet ouvrage extraordinaire me fervit bientôt en Italie à allumer le feu des cheminées.

L'autre étoit auffi un moine, mais bien différent de ce Jéfuite. C'étoit un Servite: je n'ai jamais rien vu d'approchant dans les couvents, ni pour la modeftie, ni pour la fcience, ni pour la façon de penser. Je l'ai trouvé assis, la plume à la main, ayant devant lui les anciens *scriptores rei Rustica*, & à côté les ouvrages de Mr. *du Hamel* & les mémoires de l'Académie de Suède: cette singulière idée d'un moine Tyrolois de s'appliquer à une pareille étude, piqua si fort ma curiosité, que je voulus être instruit de la raison qui l'avoit déterminé à ce choix: le servite, après avoir sondé ma façon de penser, s'ouvrit enfin entiérement, & m'avoua ingénument qu'il avoit cultivé, les unes après les autres, toutes les sciences qu'on enseigne à présent; qu'il avoit été tour à tour philosophe, théologien, canoniste, physicien, geomètre, sectateur de *Montesquieu*, & qu'il s'etoit enfin déterminé à ne plus cultiver que la méchanique & l'agriculture: " à force " d'avoir traité toutes ces sciences, me " dit il, je suis enfin parvenu à sentir " que les unes ne convenoient pas à " mon état, & que ma façon de pen- " ser ne s'accommodoit pas des autres: " il y en avoit quelques unes qui au- " roient pu me convenir; mais je les " ai quittées, parceque je ne voulois

« pas avoir affaire aux charlatans qui
« les enseignent. Voyez vous, ajouta-
« t-il ce passage de Columelle, où cet
« auteur rapporte une étrange résolu-
« tion du sénat de Rome au sujet des
« blibliothèques, que Scipion trouva à
« Carthage lors de la prise de cette
« ville. Ce consul écrivit au sénat pour
« savoir ce qu'il devoit faire des bi-
« bliothèques qui s'y trouvoient en
« grand nombre. Le sénat lui ordonna
« de les distribuer entre les rois barba-
« res de l'Afrique, & de garder seule-
« ment les vingt huit livres de Magon
« sur l'Agriculture. Scipion transporta
« ces livres à Rome; & le sénat les
« fit, dans la suite, traduire en langue
« latine. Ce fait est confirmé par Var-
« ron, Pline & plusieurs autres écri-
« vains de l'ancienne Rome. En m'oc-
« cupant à faire des notes sur ces *scrip-*
« *tores rei Rusticæ*, je suis parvenu à
« présent à ce passage de Columelle,
« sur lequel j'ai fait cette longue note
« que vous voyez : je déploie ici toute
« ma façon de penser : vous la trouve-
« rez peut être un peu folle; mais n'im-
« porte : je vais vous lire cette

" note toute entiere". Je vous avoue, Monsieur, que ce discours dans la bouche d'un moine m'étonna; mais la note m'étonna encore plus: je lui en demandai copie & il me la donna. Comme elle est en latin & dans un latin que vous ne gouteriez pas, je vais vous la traduire en françois: peut-être la verrez vous un jour en original, puisque ce servite paroit être tenté de publier ses notes sous un autre nom: voici la note.

" Si ce fait est vrai, comme il paroit
" devoir l'être, puisque le sénat avoit
" ses archives, qui depuis ce tems ont
" toujours été conservées en bon état,
" il est évident que l'assemblée des
" hommes les plus sages qui aient jamais
" existé, avoit un souverain mépris
" pour les sciences de pure spécula-
" tion & pour tous les beaux arts
" de son tems. Si l'histoire n'en est
" pas vraie, il en resulte pourtant qu'on
" la pouvoit debiter à Rome dans
" les siécles des beaux esprits de cet-
" te ville, sans préjudicier à la ré-
" putation de la sagesse de l'ancien sé-
" nat. L'examen de l'histoire ancienne
" justifie soit la conduite du sénat Ro-

main, soit le bon sens de ceux qui ont imaginé cette histoire. Chez les peuples de l'antiquité l'affluence de beaux esprits dans la philosophie, dans l'eloquence & dans les beaux arts a précédé immédiatement & comme annoncé la chute prochaine de leurs états. Le royaume de Lydie est remarquable par sa courte durée : Crésus en fut le cinquième & le dernier roi. Je ne me rappelle point d'autre royaume de quelqu'importance qui se soit conservé si peu de tems ; mais aussi les premiers rois de tous les païs dans tous les âges ont mis tous leurs

« soins à affermir leurs états par une sa-
« ge conduite, par des règlements soli-
« des & par des loix utiles ; à étendre
« leur domination ; à se rendre puis-
« sants au dehors & à se faire respec-
« ter au dedans : aulieu que Crésus se
« contentant de ce que ses prédéces-
« seurs avoient fait pour le bien de
« l'état & pour l'avantage de la cou-
« ronne, se borna à introduire dans son
« royaume les arts d'agrément & la
« philosophie spéculative & disputeuse
« qui promet tout & ne tient rien, &

« à rendre sa cour à la fois philosophe
« & élégante. Cyrus qui n'étoit point
« savant & qui ne connoissoit point les
« beaux arts ni la philosophie, mais
« qui étoit un grand guerrier & un ex-
« cellent politique, faisoit, dans le
« même tems, la conquête de l'Asie,
« tandis que le Lydien s'amusoit à trai-
« ter des questions abstraites qui ne
« font le bonheur ni des états ni des
« hommes, avec Solon, le plus grand
« philosophe de la Grèce. Dans une
« conversation qu'ils eurent ensemble
« sur le bonheur, Solon l'avoit bien a-
« verti qu'il ne falloit appeller person-
« ne heureux avant sa mort; mais il
« ne lui avoit pas dit apparemment que
« la solution des questions métaphisi-
« ques n'a aucune influence sur le bon-
« heur d'un peuple, ni sur la puissance
« d'un roi. Ainsi Cyrus s'empara sans
« peine de la Lydie, & mit aux chaî-
« nes le roi savant, dont la sagesse qu'il
« avoit puisée chez les philosophes grecs,
« ne put arrêter un seul moment la
« bravoure ni la politique de son enne-
« mi. Dans la suite il se forma dans la
« Grèce deux petits, mais très puissants

« états, où il y avoit de bonnes loix, des mœurs admirables, de sages coutumes & point de savants philosophes, point d'éloquens orateurs, point de troupes de poëtes, point d'habiles artistes ". Ces deux états étoient celui d'Athènes & celui de Lacédémone. « Au milieu des ténèbres qui y regnoient, par le défaut de beaux esprits, dix mille Athéniens defirent dans la bataille de Marathon deux cent mille Perses qui étoient venus porter la guerre en Grèce; & ces mêmes Athéniens gagnerent dans la suite à Salamine encore une autre grande bataille sur les mêmes Perses, dont l'armée étoit de huit cent mille hommes, que ce revers obligea de regagner encore leur païs. Bientôt après Périclès que sa naissance, ses richesses, son éloquence, la politique & sa science militaire avoient élevé à Athènes au dessus des autres citoyens, se mit à encourager, à protéger, à enrichir les beaux esprits & à faire fleurir par leur moyen les sciences & les beaux arts, tant ceux qui sont utiles, que ceux qui ne le sont pas. Dès lors il y eut à Athè-

« nes de grands philosophes, de grands
« orateurs, de grands poëtes, des co-
« médiens & des artistes admirables. Ce
« fut le siécle d'Hippocrate, de Démo-
« crite, d'Anaxagoras, de Socrate, d'Al-
« cibiade, de Démocrate, d'Eschine,
« de Démosthènes, d'Euripide, de Sop-
« hocle, d'Eupolis, d'Aristophanes,
« d'Hérodote, de Thucidide, de Phi-
« dias &c. Mais ce fut aussi le siécle
« où s'éleva entre Athènes remplie de
« beaux esprits, & Sparte qui n'en avoit
« point du tout, la fameuse guerre du Pé-
« loponèse, qui se termina par la sou-
« mission des Athéniens qui furent obli-
« gés de demander la paix aux condi-
« tions d'abattre les deux grands moles
« & les murailles du Pyrée, d'abandon-
« ner à leurs vainqueurs toutes leurs
« villes, de se soumettre à eux & de ne
« combattre que sous leurs généraux.
« Ce fut dans ce même siécle que Phi-
« lippe de Macédoine les défit encore à
« Chéronée, & les força de rester sous
« sa dépendance & sous celle de ses suc-
« cesseurs, jusqu'à ce que les Romains,
« que les Grecs appelloient barbares,
« parcequ'ils n'avoient ni philosophes,

« ni poëtes, ni orateurs, ni grands co-
« médiens, ni bons artistes, vinssent les
« soumettre à leur tour, comme ils
« avoient soumis tous les peuples sa-
« vants de la Grèce, de l'Asie & de
« la Sicile, pendant qu'il n'y avoit à
« Rome que de grands capitaines, d'ex-
« cellents politiques, de bons ouvriers,
« des loix sages & des mœurs meilleu-
« res que les loix, mais point de sa-
« vants, point de beaux esprits.

« Dans l'intervalle qu'il y eut entre
« la premiere & la seconde guerre Pu-
« nique, les villes de la grande Grèce
« & celles de la Sicile fourmilloient de
« philosophes, d'orateurs & d'artistes.
« Les sciences de pure spéculation &
« les arts d'agréments y avoient été
« portés à leur plus haut point de per-
« fection : il y avoit même alors dans
« Syracuse le fameux Archimède qui a
« rempli envers sa patrie les promes-
« ses que les gens de sa profession a-
« voient toujours faites envain au gen-
« re humain. Il ne passoit pas toute
« sa vie à tracer des lignes & des figu-
« res pour l'instruction des amateurs de
« cette science ; mais il inventoit des

„ choses utiles pour la defense & pour
„ la prospérité de sa patrie, ce qui ne
„ s'est plus fait depuis : car après cette
„ époque les savants ont toujours pro-
„ mis beaucoup ; & les ignorants ont
„ tenu pour eux leurs promesses; &
„ ils ont encore fait beaucoup plus que
„ les premiers n'avoient osé promettre :
„ car ce furent des gens qui n'avoient
„ que le sens commun & des connoissan-
„ ces bien inférieures aux doctrines
„ sublimes & aeriennes des grands sa-
„ vants, qui découvrirent l'Amérique,
„ trouverent la boussole, inventerent
„ l'art de l'imprimerie , les lettres de
„ change, la poudre à canon & tant
„ d'autres choses vraiment utiles au
„ genre humain, tandis que les subli-
„ mes docteurs se creusoient la cervelle
„ à faire de grands raisonnements en
„ l'air, dont les résultats les plus im-
„ portants sont des riens en comparai-
„ son des choses importantes que des
„ personnes de bon sens, mais très igno-
„ rantes d'ailleurs, ont imaginées pour
„ le bonheur réel des hommes.

„ Mais je reviens aux villes de la
„ grande Grèce & de la Sicile, qu'un
„ moment

« moment de mauvaise humeur m'a fait
« quitter. Ces villes si remplies de
« beaux esprits n'ont pas donné la
« moindre marque de sens commun dans
« le tems de la seconde guerre punique.
« Elles auroient pu faire la loi à leurs
« ennemis, si elles étoient restées unies;
« & le parti où elles se seroient rangées,
« auroit infailliblement triomphé de
« l'autre : mais d'abord elles se partagè-
« rent toutes entre les Romains & les
« Carthaginois : ensuite les citoyens de
« chaque ville se partagerent aussi entre
« ces deux peuples ennemis ; & tandis
« que les uns favorisoient les Romains,
« les autres vouloient faire recevoir chez
« eux les Carthaginois : ainsi elles périrent
« toutes, les unes après les autres, & Sy-
« racuse la première, malgré tous les
« efforts du grand Archiméde : & l'épo-
« que de leur plus grande gloire en fait
« de connoissances éblouissantes & agréa-
« bles, fut celle de leur ruine. Elles
« tomberent à la fin sous la domination
« des Romains, dont le sage & auguste
« sénat faisoit alors si peu de cas de la
« philosophie & de l'éloquence, qu'il
« congédia au plutôt l'académicien

F

« Carnéades, le stoïcien Diogéne, & le
« peripatéticien Critolaus qui étoient
« venus à Rome comme ambassadeurs
« d'Athènes, pour se débarrasser de ces
« beaux esprits, de leurs belles doctri-
« nes & de leurs éloquents discours.

« Les Scipions que le grave & austère
« Caton détesta peut-être avec raison,
« commencèrent à mettre en vogue,
« dans leur patrie, les savants & les
« beaux esprits; & comme il n'y en a-
« voit pas à Rome, ils en firent venir des
« païs étrangers, de la Grèce & même de
« l'Afrique. Dans ce tems-là l'armée que
« les Scipions, l'Africain & l'Asiatique,
« avoient conduite la première fois en
« Asie contre le roi Antiochus, y avoit
« appris à vivre dans la licence & dans
« la mollesse: elle rapporta, à son retour,
« les instruments du luxe & de la vo-
« lupté asiatique, des meubles magnifi-
« ques, des ouvrages précieux, travaillés
« avec art, le goût de la bonne chere,
« de la musique instrumentale & de tous
« les divertissements qui furent depuis
« en usage. Le cuisinier, qui jusques là
« avoit été l'esclave le plus vil de la
« maison, devint dès lors le plus néces-

« faire & le plus estimé. Excepté Po-
« lybe, qui avoit plus de bon sens que
« de doctrine, les autres nouveaux sa-
« vants, les philosophes & les beaux es-
« prits, nouvellement arrivés à Rome,
« ne trouvoient rien à redire à tout cela:
« ils firent même ensorte, que la plupart
« des Romains trouverent trop austere la
« vertu de Caton, qui n'étoit cependant
« que la vertu de leurs ancêtres, celle
« qui est nécessaire aux Républiques
« pour se maintenir & pour prospérer.
« Voulez-vous voir quels mœurs &
« quels goûts les Romains adoptèrent
« alors. Tite Live Déc. IV. L. II. nous
« les représente dans ceux du jeune
« Antiochus, fils d'Antiochus le Grand,
« que les Scipions avoient défait. Ce
« prince qui avoit été élevé à Rome,
« ne manquoit, dit cet historien, ni
« de courage, ni de talents pour la guer-
« re; mais ses travers & son inconduite
« marquée lui firent bientôt donner
« parmi ses sujets le surnom d'insensé :
« il marchoit par la ville, portant une
« couronne de rose & vêtu d'un habit
« broché en or : quelquefois il jettoit
« contre ceux, qui se trouvoient sur son

« chemin, des pierres qu'il portoit sous
« les bras : quelquefois au contraire, il
« répandoit sur le passage quelques piè-
« ces d'argent, en criant, *attrape qui*
« *pourra*. Quelquefois il lui prenoit
« fantaisie d'entrer dans des boutiques
« d'orfèvres, de graveurs & autres
« ouvriers de cette sorte, & dissertoit
« avec prétention sur leurs arts respec-
« tifs : tantôt il lioit conversation dans
« les rues & les places publiques avec le
« premier homme du peuple qu'il ren-
« controit : tantôt entrant dans les ca-
« barets, il se mettoit à boire avec les
« plus vils des étrangers qui s'y trou-
« voient. S'il apprenoit que quelques
« jeunes gens de la ville étoient en par-
« tie de plaisir, il entroit tout à coup
« dans la sale du festin avec du parfum
« & de la symphonie, & se livroit au
« plaisir sans retenue : on sait aussi qu'il
« alloit dans les bains publics avec la
« multitude. Cependant il fit paroître
« une magnificence vraiment royale dans
« le soin qu'il prit d'orner les villes &
« de décorer les temples des dieux : il
« surpassa tous les rois qui l'avoient pré-
« cédé par la pompe des spectacles qu'il

« donna en tout genre: il emprunta des
« Romains les combats des gladiateurs
« & faisoit venir de Rome des gladia-
« teurs à grands frais: il donna à An-
« tioche des jeux solemnels à l'imita-
« tion de ceux que donna Paul Emile
« dans la Macédoine après la défaite
« de Persée. La molleſſe & le luxe alle-
« rent toujours depuis en augmentant
« chez les Romains, & la culture des
« ſciences & des beaux arts augmentoit
« d'un pas égal. Ces progrès du luxe
« & des ſciences allarmèrent extréme-
« ment les plus graves ſénateurs & les
« plus reſpectables magiſtrats; qui con-
« ſideroient, comme l'avoit déja remar-
« qué le judicieux Polybe Liv. 6. art.
« 2. ch. 2. 1. que ce n'étoit point par
« les beaux arts, ni par le bel eſprit
« que les Romains avoient acquis l'em-
« pire du monde; mais par le mépris
« de tout cela, par la bravoure & par
« le bon ſens. Cette conſidération de-
« termina les conſuls & les cenſeurs à
« s'oppoſer de toutes leurs forces à
« ces fléaux des états. On fit des loix
« ſomptuaires: & on chaſſa de Rome
« les philoſophes & les rheteurs La-

« tins. Aulugelle rapporte plusieurs ar-
« rêts du sénat & des censeurs sur ces
« sujets. Je n'en transcrirai ici que
« deux qui concernent les philosophes
« & les rhéteurs latins. Sous le consu-
« lat, dit cet auteur, de C. Fannius
« Strabo & de M. Valerius Messala il
« parut un sénatus-consulte contre les
« philosophes & les rhéteurs latins : il
« étoit conçu en ces termes. *M. Pom-*
« *ponius preteur a consulté le sénat sur*
« *ce qu'on proposoit contre les philosophes*
« *& les rhéteurs. Le sénat a été de l'a-*
« *vis du préteur & il lui a ordonné de*
« *les faire sortir de Rome, comme il cro-*
« *yoit que cela importoit au bien de la*
« *république & à l'acquit de la conscien-*
« *ce.* Quelques années après ce séna-
« tus-consulte, continue le même au-
« teur, C. Domitius Ænobarbus &
« L. Licinius Crassus, censeurs, porte-
« rent un édit contre les rhéteurs la-
« tins. J'en transcris les termes origi-
« naux. *On nous a rapporté qu'il y a*
« *des hommes inventeurs d'une nouvelle*
« *méthode d'études, & qui se nomment*
« *rhéteurs latins : que la jeunesse court*
« *à leurs écoles, & qu'elle y passe des heu-*

« res entieres dans l'oisiveté, tandis que
« nos ancêtres avoient coutume de désigner
« le genre de culture, & les maîtres
« qu'ils destinoient à leurs enfants. Cette
« innovation, qui contrarie les mœurs
« anciennes & les usages de nos pères,
« nous déplait, & nous la blamons. C'est
« pourquoi nous avons résolu de faire con-
« noître nos sentimens à ces innovateurs
« modernes & à ceux qui vont chez eux
« prendre leurs leçons : & qu'ils sachent que
« nous réprouvons cette nouveauté. Mais
« la philosophie & l'éloquence braverent
« tous les édits du sénat & des cen-
« seurs : & le luxe en faisoit autant de
« son coté. Les beaux esprits amene-
« rent insensiblement ce que la posté-
« rité appella l'âge d'or, où l'on vit
« briller les Cicérons, les Hortensius, les
« Sallustes, les Tites Lives, les Virgiles,
« les Horaces, & quantité d'autres.
« Mais ces savants & ces beaux esprits
« enterrerent la république, & César,
« le plus grand de tous, creusa son tom-
« beau. Dans la suite des tems l'esprit
« & la doctrine passerent à Constantino-
« ple, où il se forma une nouvelle
« science, appellée la Théologie, qui

» se mit bientôt en état d'opérer toute
» seule ce que les autres sciences n'a-
» voient pu faire jusques là qu'en agis-
» sant de concert & en se prêtant un
» secours mutuel. Elle renversa l'esprit
» des empereurs, des généraux & du
» ministère; & elle fit que les Turcs, qui
» n'étoient ni théologiens, ni beaux
» esprits, détruisirent l'Empire d'Orient
» & en prirent la métropole, pendant
» que deux factions théologiques s'y
» excommunioient réciproquement l'une
» l'autre & s'entretuoient à outrance.
» Les beaux esprits de Constantinople
» passerent dès lors à Florence, qui
» étoit, dans ce tems, la plus riche &
» la plus florissante république de l'uni-
» vers. Ces savants n'y eurent pas
» plutôt repandu leurs lumières, que
» cette puissante république devint
» esclave de la maison de Médicis, qui
» tomba bientot à son tour sous la dé-
» pendance des papes, qui n'étoient
» point philosophes, & des Empereurs
» qui l'étoient tout aussi peu. La Fran-
» ce prit alors deux reines l'une après
» l'autre chez les Florentins : ces rei-
» nes, qui firent à ce royaume beau-

« coup de mal sans cela, y transporte-
« rent encore le gout des sciences &
« des beaux arts. Dès lors les François
« s'infatuerent du bel esprit, de façon
« qu'ils s'imaginerent bientôt, qu'il n'y
« avoit plus aucun autre peuple qui eût de
« l'esprit, & qu'il ne s'en trouvoit plus
« chez les Florentins eux mêmes. Je ne
« m'étendrai pas sur cet article: je
« prierai seulement mes lecteurs de con-
« sidérer à quel point les sciences & les
« arts ont été cultivés sous Louis XIV,
« & à quel point cette monarchie est
« déchue sous ce même regne & depuis
« successivement. Il me reste à repon-
« dre à une question, que tout le mon-
« de s'avisera de me faire ici. Preten-
« dez-vous donc, me dira-t-on, que les
« sciences & les beaux arts soient per-
« nicieux à la société & aux états?
« point du tout. Les sciences ne sont
« point pernicieuses par elles-mêmes,
« mais elles peuvent le devenir par la
« manière, dont les hommes les trai-
« tent, & par l'abus qu'on en fait. Il
« y a certaines époques, où les scien-
« ces sont traitées de façon que tous
« ceux qui les cultivent ne sont que des

« fous, qui travaillent à perdre le sens
« commun. Il y a d'autres épo-
« ques, où l'esprit des hommes se
« porte à négliger des objets d'im-
« portance pour des objets d'agré-
« ment, & à préférer le beau au
« solide, l'extraordinaire le plus inutile
« au commun le plus utile. Il y a
« encore d'autres époques, où il s'élève
« tout d'un coup des génies subli-
« mes, mais rares, qui vont droit au
« solide, au grand, au vrai, & le font
« connoître au genre humain. Quicon-
« que a lu l'histoire avec réflexion, a
« pu remarquer, que dans tous les âges
« & chez tous les peuples, ces génies
« extraordinaires ont paru dans le temps,
« où une nation commençoit à sortir
« de la barbarie, & qu'ils ont toujours
« été suivis par une foule de singes,
« qui ont voulu faire comme eux, &
« même mieux qu'eux, & qui, faute
« de génie & de talent, ont tout gâté
« à force de vouloir tout imiter, &
« renchérir sur tout. L'époque des
« singes est celle de la décadence d'un
« état: tout le monde quitte alors la

« réalité pour s'attacher aux ombres &
« aux apparences, le solide pour le bril-
« lant, les grands objets pour les fri-
« voles. L'époque des hommes extraor-
« dinaires dans les sciences & dans les
« arts est celle, où les états s'élè-
« vent au plus haut dégré de cette
« prospérité, dont ils sont susceptibles:
« pour lors tout le monde va au soli-
« de, parceque il y est conduit par
« quatre ou cinq grands génies;
« ce qui dure jusqu'à ce que des fats
« bouffis d'orgueil & brulants d'envie,
« se préfentent de tous côtés aux peu-
« ples & leur difent: écoutez nous,
« nous ferons mieux que ces gens là:
« suivez nous, nous vous conduirons
« plus agréablement qu'eux. Il est fa-
« cile d'être d'un sentiment contraire à
« tout ce que nous venons de dire, &
« de l'appuyer de beaux raisonnemens:
« mais ce feront toujours des fentimens,
« que l'histoire & l'expérience démen-
« tent. Les favants modernes difent,
« que les hommes n'ont jamais été si
« éclairés qu'ils le font à préfent: je
« demande à mon tour à ces favants, s'il

« y a jamais eu au monde des peuples
« qui ayent eu une législation auſſi
« ſotte, & des religions auſſi chargées
« de ſuperſtitions pernicieuſes, que le
« ſont celles qui dominent aujourd'hui
« dans ce monde ſi éclairé ? y a t-il ja-
« mais eu un autre peuple qui ſe ſoit
« aviſé de former la baſe de ſa légiſla-
« tion d'une foule prodigieuſe d'énig-
« mes, priſes au hazard dans les ouvra-
« ges de quelques ruſés & ſophiſtiques
« juriſconſultes d'une nation étran-
« gère qui ont publié leurs écrits avant
« deux mille ans ? Y a-t-il jamais eu un
« autre peuple qui ait imaginé de par-
« tager un ſeul & même état en-
« tre deux puiſſances rivales & na-
« turellement ennemies l'une de l'au-
« tre, & de ſe ſoumettre & jurer
« obéiſſance à toutes les deux à la fois ?
« Les quatre vingt mille Dieux des
« Romains, les crocodiles ſacrés des
« Egyptiens ont-ils jamais bouleverſé
« des états, armé les prêtres contre les
« princes, excité des guerres affreuſes,
« ordonné des maſſacres de cent mille
« hommes à la fois, répandus par tout

« l'univers des torrents de sang, brulé
« en cérémonie des milliers d'hom-
« mes, semé par tout la discorde ? ont
« ils formé de leurs prêtres des êtres
« différents des autres hommes, dont
« la puissance renversât souvent & con-
« tre balançât toujours celle des sou-
« verains de la terre, dont les intérêts
« combatissent ceux des états, dont les
« richesses dussent être formées & main-
« tenues par les dépouilles & les con-
« tributions continuelles du reste des
« hommes, dont la principale maxi-
« me seroit de ne rien donner, & de
« prétendre à tout, dont la profession
« unique seroit de servir leurs Dieux
« à condition d'avoir la moitié de tous
« les biens de la terre, & de ne faire
« absolument rien de tout ce que
« font les autres hommes pour le bien
« commun ? je coupe ici tout court :
« je n'en viens pas au parallele : mais
« soyons de bonne foi & convenons,
« que ce siécle si fertile en beaux
« esprits, est bien stérile en hommes.
« S'il y avoit plus de solidité & plus
« de vigueur, plus de noblesse &

„ d'élévation d'ame, & moins de lu-
„ mieres, les hommes ne soufriroient
„ pas d'être déshonorés aux yeux
„ de la postérité & vexés dans leur
„ état actuel par tant de monstruosités
„ affreuses ".

LETTRE SIXIEME.

Coire le 24. Novembre 1774.

Vallées du Trentin ; Valcamonica : Braves & usage qu'on en fait en Valcamonica. Tirauno : Recruteurs Prussiens : Podestàs de la Valteline ; comté de Bormio : Montagne de S. Maria ; Lauvines & passage dangereux par cette montagne : Différentes glacières de la Suisse & des Grisons : Hauteur du Mont Blanc : Source des différents grands fleuves de l'Europe dans les glacières.

Quand je fus arrivé à Trente, au lieu d'aller delà tout droit à Venise, comme je me l'étois proposé après mon départ de Berlin, il me prit envie de faire un second voyage en Suisse, où j'ai déja été il y a quelque tems. Comme on ne peut pas, de ce côté, y aller en voiture, je pris des chevaux, &

j'allai coucher le foir à *Cles*, qui eſt le bourg le plus confidérable d'une vallée du Trentin, appellée la *Val di Non*. Celle ci eſt la plus belle vallée que j'aie encore vue dans tous mes voyages : elle n'a que cinq lieues de long ſur trois de large ; elle contient cependant quatre bourgs confidérables, quantité de gros villages & une vingtaine de châteaux qui appartiennent à des Comtes de différentes familles les plus illuſtres du Tirol. En ſortant de cette vallée on entre dans celle de *Val di Sol* qui eſt également remplie de bourgs & de villages & qui, en été, eſt très fréquentée par les Italiens & les Allemands des environs à cauſe de deux ſources d'eaux minérales dont l'une eſt à *Rabbi* & l'autre à *Pei*. Le *Val'di Sol* eſt, de ce côté-là, le dernier païs du Trentin, d'où l'on paſſe dans la *Val Camonica* qui eſt une vallée du Breſſan, païs appartenant aux Vénitiens. Ici il me fallut prendre des braves que l'on appelle *Buli*, pour voyager en ſureté. Le Breſſan & le Bergamasque, qui ſont des païs dependants de l'état Vénitien, ſont décriés pour les aſſaſſinats que l'on y commet ;

& le meilleur moyen de s'en garantir, c'eſt de prendre de ces *Buli* qui ſont armés comme ſaint George, & pleins de courage. Les *Buli* ſont eux-mêmes des pendarts que la juſtice fait mourir par la main du bourrau, quand elle peut s'en ſaiſir : car ce ſont ordinairement des gens qui ont commis des meurtres ſoit de leur chef, ſoit pour ſatisfaire la paſſion de quelqu'un qui a loué leur ſervice pour ſe défaire d'un rival ou d'un ennemi. Les Gentils-hommes protègent cette canaille, tant parcequ'ils s'en ſervent, que parcequ'ils les craignent ; & la juſtice ne peut rien contre eux, parceque les Sbirres n'oſent pas aller attaquer ces braves qui ſe défendent juſqu'à la mort, & qui dans ce cas ſont preſque toujours ſecourus par d'autres qui ſe trouvent dans les mêmes circonſtances : leur intérêt commun exige qu'ils faſſent périr autant de Sbirres qu'ils peuvent & qu'ils s'en faſſent reſpecter. Il n'en coute ſouvent que trois ou quatre ſequins, ſavoir trente ou quarante livres, pour faire tuer un homme. Mais ceux qui craignent de pareils accidents, ont toujours des *Buli* à leur ſuite :

d'où il arrive souvent que deux personnes ennemies se font un guerre ouverte
avec leurs braves, & se livrent des
combats où il en périt plusieurs des
deux côtés. Les païs qui sont aux deux
extrémités opposées de l'Italie ; c'est-
à-dire d'un côté la Sicile, & de l'autre
les états de Venise, qui confinent avec
la Lombardie Autrichienne, avec le
Trentin & avec les Grisons, fourmillent
de cette sorte de meurtriers. Mais en
Sicile on cherche du moins à les exterminer ; au lieu que le gouvernement de
Venise les laisse subsister par une fausse
politique. Ce gouvernement croit qu'il
est de son intérêt que les seigneurs de
la Terre ferme vivent dans une perpétuelle désunion, afin qu'ils ne s'avisent
point de cabaler contre l'Etat : & l'usage
des *Buli* est la chose du monde la plus propre à entretenir ces divisions, par les violences & par les meurtres qu'on leur fait
commettre. Le sénat ferme les yeux sur
ces sortes de désordres jusqu'à ce qu'une
famille se soit rendue trop formidable
par ces excès. Alors le Conseil des Dix
extermine toute cette famille & confis-
que tous ses biens. Il n'y a pas long-

tems que la famille des *Panzarini*, qui s'étoit rendue la plus puissante de la *Valcamonica*, a subi ce sort. Je me fis accompagner, par les *Buli* que j'avois pris, jusqu'à *Tiranno* qui est un bourg de la Valteline, païs sujet des Grisons. *Tiranno* est renommé par les miracles d'une Madonne, & par les supercheries des recruteurs Prussiens. Les recruteurs se permettent partout bien des indignités pour attraper le monde; mais on dit que les Prussiens sont à cet égard plus fins que tous les autres; ou du-moins ils en ont la réputation. Comme le païs des Grisons confine avec le Milanois, le Vénitien, le Tyrol, le Trentin & la Soube, les Prussiens y ont toujours eu des recruteurs ; mais ils se sont si bien conduits, que dans le dernier congrès les députés des trois ligues refuserent la permission de recruter à l'officier qui la leur avoit demandée. Cependant l'aubergiste, où cet officier étoit logé, lui accorda ce que les députés lui avoient refusé : Il lui dit : *Monsieur, comportez-vous bien : n'allez pas engrosser les femmes & les filles de mes concitoyens, comme a fait votre prédécesseur: ne permettez pas que vos gens trompent des Grisons: ordonnez leur de se contenter des étrangers qu'ils attirent dans leurs filets, & restez ici aussi long-tems que vous voudrez.* Le magistrat de Coire n'osa pas dire un mot à l'aubergiste, qui se mocquoit de l'arrêt des députés, parceque de tout tems, chez les Grisons, les particuliers & les communautés n'ont obéï aux decrets de la diète & du congrès, qu'autant qu'ils l'ont bien voulu: car c'est ainsi que l'on se conduit dans tous les gouvernements démocratiques.

Les recruteurs Prussiens de *Tiranno* attrappent quantité d'Italiens que des prêtres, des moines & des femmes leur amenent. Ces gens là sont nécessaires aux recruteurs, parcequ'ils n'oseroient pas aller eux-mêmes faire des recrues sur les terres appartenantes à la maison d'Autriche, a la république de Venise & au prince évêque de Trente. Le lendemain de mon arrivée à *Tiranno* les recruteurs Prussiens firent deux recrues, dont l'une leur avoit été livrée par un prêtre du Trentin, & l'autre par une femme de Bresse. Le prêtre étoit allé jusqu'à Vicence pour tromper ce jeune homme : il y connoissoit une veuve de très bonne famille, qui n'étoit pas riche : elle avoit un fils unique qui désiroit de voyager : le prêtre proposa à la dame de le laisser faire avec lui un tour en Allemagne & en Hollande, en offrant de lui avancer à cet effet l'argent nécessaire dont la mere le rembourseroit à son retour : elle donna dans le piége, & confia son fils à ce coquin qui vint le vendre aux recruteurs de *Tiranno*. L'autre jeune homme étoit devenu amoureux de la femme de Bresse : celle-ci l'attira peu-à-peu à *Tiranno*, qui confine avec le Bressan & le vendit à ces mêmes recruteurs. Comme j'étois logé dans la même auberge, j'appris leurs avantures de la femme de l'aubergiste, à laquelle ils porterent leurs plaintes : elle fut touchée de compassion ; mais elle ne put rien faire pour les secourir, parceque son mari étoit vendu aux Prussiens, & le Podestà du lieu n'avoit pas coutume de se mêler de pareilles affaires : ces deux malheureux furent donc garottés & conduits, par des chemins détournés, à *Lindau*

& de-là à l'armée Pruſſienne. J'ai vu à Weſel, à Potsdam & à Berlin quantité d'Italiens de naiſſance, & entre autres le fils d'un avocat de Rome, & le fils d'un Comte du Montferrat, qui ſe plaignoient tous d'avoir été trompés par des gens de cette trempe. Un accident m'empêcha de continuer ma route par la Valteline à Coire, comme je me l'étois d'abord propoſé : je fus obligé de me rendre à *Santa Maria* qui eſt un bourg des Griſons dans la baſſe Engadine, païs confinant avec le *Val Venoſte*, belle vallée du Tyrol Autrichien qui s'étend vers *Meran* : j'aurois été fâché de faire ce détour, ſi je n'avois pas déja vu la Valteline & le Comté de *Chavenne* dans un voyage que j'y ai fait il y a quelques années.

La Valteline & le Comté de *Chavenne* ſont ſujets des Griſons, qui y envoyent des gens de leurs communautés pour les gouverner & y adminiſtrer la juſtice. Ce ſont de beaux païs, ſurtout la Valteline, qui produiſent de bons vins & d'excellents fruits. Les ſujets ne payent point d'impôts ; mais en échange ils ſont ſouvent mis à contribution par leurs juges Grisons. Chavenne est gouvernée par un commissaire & la Valteline par un gouverneur & plusieurs *Potestà* qui résident dans les lieux le plus considérables de cette vallée. Les personnes qui veulent avoir ces charges, doivent les acheter des communautés Grisonnes qui en font la nomination chacune à son tour : on les paye quatre, cinq, six mille francs & même davantage selon le nombre & la brigue des concurrents. Ces juges doivent dans l'espace de deux ans, tems auquel est bornée la durée de leur charge, tâcher de regagner la somme qu'ils ont donnée pour l'avoir, de se dédommager des dépenses qu'ils font pendant leur résidence dans les païs sujets, & de mettre, outre cela, de côté une somme d'argent assez considérable pour qu'ils n'ayent pas à se reprocher d'avoir été dans la Valteline uniquement pour changer d'air. Ceux qui amassent le plus d'argent, sont les plus estimés. Les Grisons disent communément des pareils gens qu'ils font ou qu'ils ont fait un bon gouvernement : je croyois d'abord que cela signifioit qu'ils avoient gouverné avec justice & avec desintéressement ; mais je me trompois. La manière la plus ordinaire de certains Podestas est de vendre la justice au plus offrant. Dans les procès criminels on cherche à augmenter les frais le plus qu'il est possible : si le délit est capital, on met le coupable en liberté pour le plus d'argent qu'on en peut tirer : si le prévenu a eu le bonheur de prendre la fuite, il fait, pendant son absence, traiter par quelque ami avec le *Podestà* pour obtenir sa grace moyennant une certaine somme d'argent ; & s'il n'est pas pressé de revenir dans son païs, il attend à faire cette négociation jusqu'au tems où doit finir le gouvernement du *Podestà*, qui pour lors lui accorde ordinairement sa grace pour une somme quelconque, plutôt que de céder ce profit à son successeur.

Lorsque je fus, il y a quelques années, dans les baillages d'Italie, sujets des différents cantons de la Suisse, comme *Bellinzona, Lugano, Locarno*, &c. Tout le monde m'a assuré que les gouverneurs, envoyés par les cantons, y administroient souvent la justice de la même maniere que les Grisons l'administrent dans la Valteline & à *Chavenne*: on a cependant excepté ceux de Berne & de Zurich; & on m'a dit, que quand ils ont eu de pareils gouverneurs, envoyés par ces Cantons, & qu'ils en ont porté des plaintes au Sénat, on leur a rendu justice. Il y a pourtant chez les Grisons bien d'honnêtes gens, qui exercent leurs charges avec intégrité. La famille de Salis est généralement reconnue pour telle: Il y a actuellement des Planta, dont on dit aussi beaucoup de bien.

Si j'avois su quelles affreuses montagnes il me falloit traverser pour aller de *Tiranno* à *Santa Maria* & pour venir de là à Coire, je n'aurois jamais entrepris ce voyage; mais les Grisons sont si familiarisés avec leurs terribles montagnes, qu'ils n'en parlent pas seulement aux étrangers. En partant de *Tiranno* je me rendis à *Bormio*, qui est un autre Comté sujet de Grisons; mais qui a des priviléges qui le mettent à l'abri de toutes vexations *Bormio* n'est separé de *Santa Maria* que par une montagne. Comme il avoit négé, je partis le matin de *Bormio* avec une

G

grande compagnie de muletiers qui avoient leurs mules & leurs chevaux chargés de marchandises : il y avoit pour le moins cinquante bêtes de somme : je les ai laissé prendre le devant, pour avoir une meilleure route : il faisoit grand froid, & quand nous fumes en chemin, il vint de la nouvelle neige, accompagnée d'un vent de nord violent qu'ils appellent bise. Quand nous fumes à une certaine hauteur, nous entrames tous au cabaret qui n'avoit qu'une chambre & qu'une écurie. Les chevaux qui avoient le plus souffert dans cette montée, furent placés dans la chambre, où il y avoit un grand poêle, pêle mêle avec les hommes : j'avois grande envie de manger ; mais je n'y trouvai que du pain gelé ; & l'on ne m'avoit pas averti à *Bormio* de prendre quelques provisions avec moi, parceque les gens de ce païs sont accoutumés à traverser la montagne sans se restaurer en chemin. Après nous être reposés environ une heure, nous continuames notre route. A mesure que nous avancions, le vent devenoit plus violent & la neige plus forte : de ce côté, la route étoit beaucoup plus difficile, la montagne plus haute, les rochers, les précipices, les vallées plus fréquents, les mulets & les chevaux perdoient toutes leurs forces, les uns plutôt les autres plus tard : je fus obligé de descendre du mien, & d'aller à pied : bien des muletiers avoient été obligés de décharger leurs mulets & de laisser leurs marchandises en arriere sous la neige, ce que ces gens sont souvent dans le cas de faire tant en hiver, qu'en été, quand leurs betes de somme sont trop fatiguées. En allant à pied, j'enfonçai à chaque pas dans la neige presque jusqu'au ventre : je n'avois pas fait soixante pas de cette façon, que j'étois rendu : cependant il me fallut encore continuer : un demi quart d'heure après nous nous trouvames devant un grand précipice ; à droite nous avions le parois d'un rocher tout couvert de neige, qui s'élevoit à perte de vue au dessus de nos têtes : à la gauche étoit un vallon très profond : le chemin par où nous marchions, étoit si étroit, qu'on ne pouvoit pas aller plus d'un à la fois : ici quelques uns des chevaux qui n'avoient pas été déchargés, ne pouvant plus se soutenir, tomberent & se précipiterent dans le vallon. Les maîtres désolés commencerent alors à craindre pour les autres; mais le chemin étoit si étroit qu'il n'étoit pas possib'e de les décharger. Sur ces entrefaites, un bruit égal à celui du tonnerre, effraye tout-à-coup les hommes & les chevaux : c'étoit une lauvine, compo'ée de grandes masses de neige, qui, à une certaine distance, rouloit du haut en bas, entraînant tout ce qu'elle trouvoit en son chemin, la neige, les arbres, les pierres, des morceaux de roc. Les hommes se jetterent tous ventre à terre contre un rocher, pour échapper à la violence du vent que cette terrible lauvine avoit causé. Cette précaution sauva les hommes; mais les deux chevaux qui étoient à la tête de la marche furent étouffés, quoique la lauvine eut passé assez loin d'eux. Cet accident nous obligea à prendre des précautions pour le reste de notre voyage. Les muletiers boucherent les sonnettes & les grelots de leurs mulets, afin que le son n'agitât point l'air & n'occasionnat pas la chute de quelque lauvine. On tira quelques coups de pistolet pour mettre en mouvement les neiges qui seroient sur le point de tomber : & comme nous n'apperçumes de loin aucun mouvement dans les branches des arbres, ni aucun roulement dans la neige, nous poursuivîmes notre chemin, après nous être exhortés mutuellement à ne point faire de bruit & à ne pas même parler haut. Nous n'eumes plus d'autres fâcheux accidents à essuyer dans notre voyage : le soir nous arrivames à *Santa Maria*, hors d'état de pouvoir faire un pas, hommes & chevaux.

J'ai resté deux jours à *Santa Maria*, tant pour rétablir mes forces, que pour régler l'affaire qui m'avoit engagé à faire ce voyage. Après cela je me mis en chemin pour Coire : il me fallut passer d'autre montagnes, mais moins rudes & moins dangereuses. Cependant étant arrivé sur une de ces montagnes, à un endroit qu'on appelle *Weisenstein*, j'y appris, & je le vis moi-même, qu'il y étoit tombé deux jours auparavant, une lauvine tout près du cabaret qui est l'unique maison qu'on trouve dans cet endroit. En examinant le lieu d'où la masse de neige s'est détachée, j'ai remarqué que la premiere neige s'étoit accrochée aux inégalités d'un talus: celle qui tomba succeſſivement s'y attacha, de même tant qu'il s'en forma une maſſe énorme. Le vent impétueux des jours paſſés, joint à la nouvelle neige qui tomba dans le même tems, ébranlerent la maſſe & en déterminerent la chute: elle ſe précipita dans un profond vallon qui eſt dénué de toute eſpèce d'arbres. Comme les lauvines doivent être fréquentes dans cet endroit, je penſe que quelques anciennes lauvines auront déraciné les arbres qui devroient naturellement couvrir les côtés & le fond de ce vallon.

Quand je fis le premier voyage de la Suiſſe & des Griſons, j'allai voir quelques glaciéres des plus conſidérables qui ſe trouvent dans ces contrées. Je vis le fameux *Mont blanc* qui eſt à un peu plus d'une journée de Genève, le *Grimbelwald* qui eſt à vingt lieues de Berne, & deux autres glacieres dans les Griſons, dont l'une eſt près de *Toſis* entre *Coire* & *Chavenne*, & l'autre près de

St. Maurice dans la haute *Engadine*. On m'a affuré à Génève, que la hauteur du *Montblanc* eft de 2391 toifes au deffus de niveau de la Mediterranée : fi cela eft vrai, cette montagne eft de 321 toifes plus haute que le Pic de Teneriffe, qui paffe communément pour la plus haute montagne de l'ancien monde. Cette montagne contient elle feule une multitude de glacieres ou de maffes énormes de glace permanente. Depuis fon fommet inacceffible jusque dans la vallée de *Chamouni*, où il a fa bafe, le *Mont Blanc* eft recouvert de vaftes glacieres qui defcendent par degrés, & qui fe préfentent à la vue fous différentes formes. Dans quelques endroits je croyois voir des ruines de châteaux & des tours: dans d'autres ces croutes de glace reffembloient à une mer agitée, où les flots élevés à une grande hauteur fe fuccedent les uns aux autres.

Ce font ces fréquentes & immenfes glacières de la Suiffe & des païs des environs, qui donnent naiffance à tous les fleuves grands & petits qui baignent cette contrée & tant d'autres par où ils passent, avant de se jetter dans la mer. Le *Rhin*, le *Rhône*, le *Pô*, l'*Adige*, le *Danube*, le plus grand fleuve de l'Europe après le *Volga*, n'ont pas d'autre origine. La chaleur interne de la terre produit sous ces masses immenses de glace une fonte continuelle, même au fort de l'hyver, ce qui fait sortir de dessous ces glacières des ruisseaux plus ou moins grands qui ne tarissent jamais. Cette fonte, ni celle qu'occasionne en été la chaleur du soleil, ne produit aucune diminution dans les glacières, parceque, tous les hyvers, la perte qui se fait par les fontes, est reparée par les neiges nouvelles, qui commencent déja à tomber sur ces montagnes au mois de septembre & souvent même au mois d'août & de juillet; & la quantité de neige qui tombe, pendant ce tems, doit l'emporter sur celle qui périt par les fontes; sans quoi les glacières n'auroient pas pu se former & encore moins subsister pendant une si longue suite de siécles. Le tems & le froid occasionné par ces glaces ne peuvent qu'augmenter ces amas prodigieux, parceque plus il y aura de froid, moins il y aura de fonte.

Mais le tems qui groſſit les glacières, détruit les montagnes. On voit partout ſur ces Alpes les ravages qu'il y a faits: la pluie, les vents & les gelées ont amolli la croute extérieure; il ont briſé les pierres les plus dures: des pyramides détachées à côté des montagnes, font voir que dans l'antiquité la plus reculée elles leur étoient unies, & ne faiſoient qu'une même maſſe avec elles. On voit à *Plurs*, près de *Chavenne*, les ruines d'une montagne qui s'eſt écroulée, il y a un ſiécle & demi, & a enſeveli une grande partie de cette ville, qui étoit alors floriſſante, & qui n'eſt aujourd'hui qu'un miſérable petit bourg où les *Podeſtà* ont la plus grande peine du monde à recouvrer l'argent qu'ils ont donné pour acheter leur charge. Il y a près de ce village une terre argylleuſe, que Pline appelle la pierre de Côme dont on fait des uſtenſiles de cuiſine, qui ſont d'un excellent uſage: les choſes que l'on fait bouillir & cuire dans les marmittes & pots de cette terre, y conſervent mieux leur goût: & ces uſtenſiles ne ſont point de tout dangereux à à la ſanté.

LETTRE SEPTIEME.

Coire le 28. Novembre 1774.

Païs des Grisons: leurs moyens de subsister: leur différent avec les Vénitiens: suites de ce différent: leurs factions & dissensions civiles: Anarchie des Grisons: intérêts des cours de Vienne & de Versailles dans ce païs. Evêque de Coire. Capucins curés des Grisons catholiques, & cabaretiers. Faltrank thé des Suisses. Eaux minérales. Les Engadinois ne permettent pas aux catholiques le culte de leur religion chez eux, ni les Valtelinois aux réformés. Eaux minérales & bains de Pfeffers.

Le païs des Grisons est tout couvert de montagnes: il y a peu de plaines: les vallées donnent quelque part, & surtout à *Ilanz* & à *Coire*, du bled & des vins qui ne sont cependant pas à beaucoup près aussi bons que dans la *Valteline*. Les montagnes des Grisons sont aussi abondantes en bon bois, en pâturage, en bonnes plantes que celles d'*Appenzel* & de *Berne*. Cependant on ne voit pas chez les premiers des païsans aussi riches que dans ces deux cantons, & surtout dans celui de Berne, ou l'on m'a assuré qu'il y a des païsans qui ont plus de deux cent mille livres de bien. Je crois que cette différence vient de ce que la population est plus grande chez les Grisons, que dans les deux cantons que je viens de nommer. Dans les païs de paturages un homme a besoin, pour s'enrichir, de beaucoup de prairies, afin de pouvoir nourrir une grande quantité de bétail qui, dans de pareils endroits, est l'unique source de richesses; mais là où il y a une grande population, il y a naturellement trop de monde qui a besoin de prairies: ce qui fait que personne n'en peut avoir en grande quantité. Le païs des Grisons est si peuplé, qu'en bien des endroits j'ai vu des maisons dans de très petites plaines sur des montagnes au bord des plus affreux précipices. On a cultivé ces plaines pour y semer du seigle, de l'orge & de l'avoine: mais elles sont si étroites que les parents, quand ils vont quelque part, attachent leurs enfants à des arbres par des cordes aussi longues que le permet l'étendue du terrein, pour empêcher qu'en jouant entre eux, ils ne puissent tomber du haut en bas. Les Grisons fournissent, comme les Suisses leurs alliés, des troupes à de différentes puissances; mais c'est une ressource dont ils tirent aussi peu d'avantage que les Suisses. Ceux de la basse Engadine ont imaginé un bien meilleur moyen pour faire de l'argent. Ils vont la plupart dans la Lombardie faire les caffetiers, les patissiers & les bonbonniers. Ils forment ordinairement une société de plusieurs compagnons; & dès qu'ils se sont établis quelque part, un d'entre eux revient dans son païs où il reste pendant quelque mois; il va ensuite rejoindre ses compagnons; & un autre va à son tour revoir sa patrie. Les hommes mariés laissent leurs femmes à la maison où elles labourent les champs & ont soin des vaches. Autrefois ces Engadinois étoient établis en grand nombre à Vénise & dans les autres villes de l'etat Vénitien, où ils gagnoient considérablement ; mais il y a cinq ou six ans que le sénat les a faits sortir de tous les états de la République, parceque la diéte des Grisons, qui dans ce tems là s'étoit vendue à la maison d'Autriche, a refusé aux Vénitiens la liberté de bâtir un chemin pour faciliter le commerce des Vénitiens avec les Grisons & le canton de Zurich. Depuis ce tems, les Engadinois se sont repandus en différentes provinces de France, où ils font les mêmes métiers. Lorsque Vénise négocioit avec les Grisons pour ce chemin, j'ai connu à Coire deux ambassadeurs Vénitiens fort singuliers : l'un étoit un capucin défroqué qui se faisoit appeller l'abbé *Novarra*, l'autre étoit une demoiselle de condition de la Bavière: ils avoient l'un & l'autre des Ducales ou patentes pour traiter au nom de la république : mais ils n'avoient pour tout salaire que l'espérance d'une récompense en cas qu'ils eussent réussi. D'autres Engadinois chargent sur de petits chariots du beurre & du fromage & vont les vendre dans la Lombardie, d'où ils reviennent avec d'autres marchandises qu'ils débitent chez les Grisons & dans les environs.

Les autres Grisons ne sont pas si industrieux : une grande partie de ce peuple démocratique vit des factions & des dissensions intestines. Il y a des familles qui sont toujours en discorde entre elles, soit pour leurs propres affaires, soit pour celles de leurs parents, de leurs amis, de leurs partisans, de leurs dépendans : ces familles sont les *Salis*, les *Sprecher* & les *Planta*. La famille des *Salis* étant la plus nombreuse, la plus unie & la plus riche, a pour ennemies toutes les autres qui craignent qu'elle ne gagne peu à peu trop de supériorité, & ne parvienne avec le tems à détruire l'égalité. Les *Salis* ont des ennemis encore plus redoutables, qui sont les Grisons catholiques ; car cette famille est presque toute protestante ; & nous autres catholiques nous avons toujours été bâtis de manière, qu'il suffit que quelcun ait une religion différente de la nôtre, pour qu'il soit notre ennemi : nous avons l'esprit persécuteur : ainsi le prince évêque de

Coire & l'abbé de *Dissentis* forment une autre faction rivale de la famille de *Salis*; & cette faction s'unit toujours au besoin avec les ennemis de cette famille, de quelque religion qu'ils soient. Cette haine de religion va si loin, que deux branches catholiques de la famille de *Salis* sont toujours du parti catholique, quoique leur propre intérêt dût les porter à s'unir aux autres *Salis*. Ces différentes factions engendrent tous les jours de nouveaux desordres; & pour se soutenir, il faut que les chefs de chaque parti répandent de l'argent dans les communautés, dans les diètes & dans les congrès pour gagner un certain nombre de suffrages. C'est là le sort de tous les cantons démocratiques de la Suisse; car partout il y a des gens qui veulent primer, d'autres qui cabalent contre eux & d'autres qui ont naturellement l'esprit de faction & d'intrigue: mais le canton de *Switz* & la république des Grisons sont aujourd'hui les païs les plus agités par ces discordes intestines.

Il y a quelques années qu'un *Planta* qui avoit été capitaine au service de

France & qu'on nomme ici l'aveugle, à cause d'un défaut qu'il a dans les yeux, s'étoit mis à la tête de 400. hommes avec lesquels il vint assiéger la ville de Coire pour piller les maisons de *Salis* qui sont dans cette ville: en chemin il fit prisonnier un *Salis* qui venoit à Coire sans être informé de l'attroupement & de la marche de ses ennemis: sans le conseil de guerre, qui voulut attendre l'issue du siège, *Planta* lui auroit fait trancher la tête; mais ce siège ne fut pas heureux pour les assiégeans: ils avoient quatre canons de bois, dont deux crevèrent au premier coup. D'ailleurs les citoyens de Coire qui étoient pour Mrs. de *Salis*, menacerent le prince évêque, qui a sa résidence sur une colline hors de la ville, que sa tête repondroit de tous les malheurs qui arriveroient aux *Salis*. Cette menace l'engagea à écrire aux assiégeans, qui étoient presque tous catholiques, pour les prier de se retirer, ce qu'ils firent sur le champ.

Le trafic des suffrages se fait chez les Grisons, & dans les cantons démocratiques de la Suisse avec une effronterie dont on ne voit point d'exemple ailleurs. Celui qui a vendu son suffrage, ne se croit pas engagé pour cela: si quelcun du parti contraire lui offre davantage, il en avertit le premier; & si celui-ci ne lui donne pas sur le champ une plus grande somme, le rival l'emporte, & celui qui a vendu son suffrage, garde l'argent de tous les deux. Ces suffrages ne se vendent pas cher: le prix le plus ordinaire est un louis d'or: les seigneurs Grisons & Suisses ne sont pas en état de donner beaucoup, parcequ'ils ne sont pas riches, dumoins ceux de païs démocratiques. Le commissaire *Sprecher* passe chez les Grisons pour un des plus riches particuliers de toute la république, après le comte *Salis* de Chavenne: cependant on m'a assuré que ses revenus ne passent pas les vingt mille livres. Dans d'autres païs un seigneur auroit besoin de toute cette somme pour vivre lui-même, loin de pouvoir employer son argent à acheter des suffrages; mais les Grisons ne connoissent point le luxe des autres païs. D'ailleurs leurs montagnes les empêchent de tenir des équipages &

de faire bien d'autres dépenses que l'on fait dans les païs plats.

Le roi de France & la maison d'Autriche se mêlent ordinairement des affaires des Grisons : le premier pour en tirer des troupes, & la seconde parceque ses états confinent de trois côtés avec ceux de la république, outre qu'elle y a elle-même des seigneuries. Ces princes y répandent de l'argent par les ministres qu'ils y ont continuellement ; mais la maison d'Autriche n'en donne pas, à beaucoup près, autant que la France. Cependant celle-ci a beaucoup moins besoin des Grisons, que la premiere, puisque la France n'est en rélation avec eux que pour en tirer des soldats qu'elle pourroit avoir sans faire la moindre dépense, leur païs étant plus rempli d'habitans, que leurs montagnes n'en peuvent nourrir ; au lieu que la maison d'Autriche doit tenir ces républicains dans la dépendance pour le commerce du Milanois & pour contrecarrer celui des Vénitiens, que les Grisons pourroient extrêmement favoriser, s'ils vouloient ; & qu'ils devroient même favoriser pour leur propre avantage, si les particuliers ne préféroient pas une pinte de vin à l'intérêt commun.

Le gouvernement des Grisons est la plus complete anarchie dont l'histoire ait jamais fait mention : la corruption & la désobéissance sont les seuls ressorts de cette démocratie. La corruption se mêle & domine dans toutes les déliberations des communautés, des diétes & des congrès. Après qu'une résolution a été prise, il y a toujours une des trois ligues, dont cette république est formée, ou quelque communauté, ou même quelque particulier qui refuse d'y obéïr : ce qui bouleverse tout, & en empêche l'execution soit en entier ou en partie. Après l'entreprise du capitaine *Planta* contre la ville de Coire, la diéte des Grisons le condamna à un bannissement perpétuel de tous les païs de la république ; mais il resta dans le païs malgré le décret de la diéte, & fixa sa demeure à *Furstenaw*, d'où il venoit souvent à Coire se montrer à ceux qui l'avoient fait bannir. Enfin on n'a jamais fait aucun décret, jamais on n'a pris aucune réſolution dans les diétes ou dans les congrés de cette république, qui aient eu leur entiere exécution ou qui n'aient été revoqués ou annullés par une autre diéte.

Malgré ces déſordres cet état ſubſiſte, parce qu'il eſt allié des Suiſſes, qui, tous enſemble, forment une puiſſance reſpectable, & parceque la maiſon d'Autriche ne s'en ſoucie pas. Le païs des Griſons eſt trop pauvre pour un prince: il n'y a que la Valteline qui puiſſe tenter la Cour de Vienne; parcequ'elle confine avec le Milanois & qu'elle eſt une vallée abondante en tout. Mais ce morceau eſt trop petit pour qu'il mérite une guerre. Cette vallée ne manquera cependant pas de tomber, tôt ou tard, entre les mains des Autrichiens de gré ou de force: en attendant les *Podeſtà* Griſons y exercent le même métier, que les financiers y exerceront alors: le ſort des Valtellinois eſt d'être toujours pillés.

Les montagnes des Griſons renferment des mines de pluſieurs ſortes de métaux & du cryſtal de roche; mais perſonne ne songe à y faire des exploitations, parce que n'y ayant aucun particulier assez riche pour une pareille entreprise, il faudroit une société de plus de cinquante familles pour l'exécuter; mais une telle société ne pourroit ni se former ni subsister dans un païs aussi divisé par les factions & aussi plein de désordres que celui des Grisons. D'ailleurs cette société s'attireroit la haine & la persécution de tous les autres: elle seroit exposée à des cabales continuelles.

La ville de Coire est très petite & la plus mal propre que l'on puisse voir: le prince Evêque de Coire n'y a rien à faire: il n'est pas même citoyen de la ville dont il porte le titre: il est relégué, lui & ses pauvres chanoines, sur une colline près de la ville: il y a sur cette même colline des Capucins & des Prémontrés, qui descendent, de tems en tems, dans la ville, où ils font des Calvinistes avec les servantes des particuliers. Les Capucins regardent le païs des Grisons comme leur paradis terrestre. Ce sont ordinairement des gaillards de la province de Milan & surtout de celle de Come, qui se font envoyer dans ce païs pour y exercer les fonctions de curés chez les catholiques ; car il y en a beaucoup parmi les Grisons, quoiqu'ils ne soient pas aussi nombreux que les réformés : ces curés font en même tems le métier de cabaretiers ; & comme ils ne peuvent pas, selon leur institut, toucher de l'argent, ils ont des servantes qui le touchent pour eux. On dit pourtant, à la louange de ces Capucins, que ceux qui, en qualité de curés, ont des servantes, ne vont pas tenter celles des autres, comme font ceux de leurs confrères, qui n'y viennent que pour faire le métier de prédicateurs de carême & de missionnaires.

Dans le voyage fatiguant que j'ai fait sur les montagnes qui menent à Coire, j'avois gagné un rhume, le plus malin & le plus incommode que j'aie jamais eu dans ma vie : j'en suis actuellement presque guéri par l'usage que j'ai fait du *Falltrank*, qui est le thé des Suisses : c'est un mélange des principales herbes qui sont cueillies sur les montagnes de la Suisse, principalement par les païsans de Genève, de Glaris & d'Appenzel. Ces herbes sont les feuilles & les fleurs de *véronique*, de *Pyrole*, de bugle, de *sanicle*, de *pied de chat*, de *pied de lion*, de *langue de cerf*, de *pervenche*, d'*aremoine*, de *vervene*, de *brunelle*, de *betoine*, d'*aigremoine* de *pilosette*, de *menthe*, de *solidago saracenica*, & de la *verge d'or*, auxquelles quelques uns mêlent encore des *absinthes*, des *mille feuilles* & d'autres plantes odorantes. Si les païsans de l'Abruzze, dans le royaume de Naples, vouloient se donner la même peine que les Suisses, ils pourroient faire des compositions d'herbes beaucoup plus efficaces & plus utiles pour la médecine que celles des Suisses; car j'ai vu sur les montagnes de l'Abruzze & sur tout sur le mont majella des herbes d'une grande vertu, que je n'ai pas rencontrées sur celles de la Suisse, & qui par conséquent n'y croissent pas du tout, ou doivent du moins être très rares: Telles sont par exemple le *capillaire*, la petite *centaurée*, la scrophulaire, certaines *absinthes* & d'autres herbes amères. J'ai souvent exhorté les moines qui ont des couvents au pied de ces montagnes de faire des récoltes de ces herbes; & je leur en ai porté des sacs pleins pour leur en donner une idée: mais ce sont tous des paresseux qui, bien loin de se donner cette peine, ne mettroient pas seulement le pied sur une montagne de toute leur vie.

Quand je fis mon premier voyage chez les Grisons, je fus voir les endroits de ce païs & des environs où il y a des bains & des eaux minérales. Je fus à *Aloeneu* où il y a des bains sulphureux : on en sent l'odeur de loin ; mais elle m'incommodoit si fort ; & l'auberge où je me suis arrêté, en étoit si infectée, que je n'ai pas voulu n'y arrêter. De là j'ai passé à *St. Maurice* dans l'Engadine où il y a de fort bonnes eaux minérales ; mais elles n'ont pas la même force que celles de *Pei* dans la *Val di Sol* qui est, comme je vous l'ai marqué dans une de mes précédentes lettres, une belle vallée du Trentin. Les habitants de St. Maurice sont fort jaloux en fait d'exercice de religion : comme les Engadinois sont réformés, ils ne souffrent pas que les catholiques qui y viennent prendre les eaux, fassent dire chez eux la messe, pas même en secret & dans leurs chambres : il y a cent écus d'amende pour le maître de la maison qui permet de la dire, & autant pour ceux

ceux qui la font dire. Quoique cette intolérance n'y soit pas observée à la rigueur, je l'ai trouvée singulière, puisque la république des Grisons est composée indifféremment de catholiques & de réformés, & que d'ailleurs les Engadinois vont tous gagner leur vie dans les païs catholiques: ils sont cependant excusables puisque les Valtelinois, qui sont leurs sujets aussi bien que des autres Grisons, ne permettent pas non plus aux réformés d'exercer leur culte dans la Valteline: ceux-ci ont même le privilège de défendre aux réformés de s'établir dans leur païs, mais ils ne le font pas observer à la rigueur; & ils permettent volontiers, que des familles reformées, qui ont de quoi dépenser, viennent y fixer leur demeure: il y a surtout à Chavenne plusieurs maisons de *Salis* & entre autres celle du Comte de *Salis* que vous avez vu à Londres, qui y vivent avec plus de faste que les autres *Salis* qui demeurent dans le païs dominant, quoique ce soit en général la famille qui vit le plus noblement, & qui fait le plus d'honneur aux étrangers. Je connois dans cette fa-

H

mille plusieurs sujets des plus respectables par leurs talents & par leurs vertu.

De St. Maurice j'allai à Pfeffers dans le païs des *Sargans* où il y a des eaux thermales simples, insipides, très legères, & si spiritueuses, qu'elles causent une sorte d'yvresse à ceux qui en boivent en certaine quantité. *Sargans* est un Comté, sujet de huit cantons, les autres cinq cantons n'en ayant aucune part; & Pfeffers est une abbaye de moines Bénédictins. Les bains sont au fond d'un gouffre très étroit, profond & affreux: les moines y traitent leurs hôtes despotiquement. Il faut manger, se lever & se coucher à la même heure qu'eux: si on se levoit tard, on ne pourroit pas prendre les bains, ni avoir à manger; car il faut dîner à dix heures, sans quoi on ne trouve plus rien; & si on se couchoit tard, on ne pourroit pas se lever de bonne heure: j'ai bientôt quitté ces tyrans & ce gouffre hideux.

LETTRE HUITIEME.

Berne le 13 Decembre 1774.

Moyens ordinaires de subsister chez les Suisses. Comparaison entre la Suisse & la Hollande. Commerce & manufactures des Suisses. Culture des sciences chez les Suisses: esprit patriotique.

Depuis mon départ de Coire, j'ai été dans plusieurs cantons de la Suisse pour y renouveller les connoissances que j'y avois faites pendant mon premier voyage. Le plaisir de revoir mes amis m'a dédommagé des peines que j'ai souffertes. C'est un terrible païs que la Suisse pour les étrangers qui viennent la voir pendant l'hyver. J'ai cependant trouvé à Schafhausen une dame Prussienne de nation, mais veuve d'un seigneur Danois, qui étoit si dégoutée des états monarchiques, que bientôt après la mort de son mari, elle quitta le Dannemark, & vint tout droit en Suisse malgré la rigueur de la saison, sans même s'arrêter à Berlin où elle est née & où elle a ses parents. Elle me dit qu'elle va à Lausanne dans la ferme résolution de finir ses jours dans un païs de liberté. Mr. M.... qu'elle a vu à Potzdam, l'avoit fort exhorté d'aller s'établir dans l'état Vénitien; mais elle n'a pas bonne opinion du gouvernement de Venise; & elle croit que les sujets n'y sont pas plus libres que dans les états monarchiques : elle a raison puisqu'elle n'envisage que la liberté : si elle cherchoit ce que cherchent ordinairement les autres femmes, elle seroit beaucoup mieux dans l'état Vénitien que dans la Suisse. Si elle avoit des enfans, il faudroit cependant qu'elle sacrifiât sa haine contre les états monarchiques au bien de sa famille : un étranger qui a des enfans, ne doit songer à venir s'établir en Suisse, que dans le dessein d'y faire le négociant ou le fabriquant, ou d'y travailler la terre. Sans cela, quand il seroit l'homme le plus opulent, ses descendants tomberoient bientôt dans la misère, parcequ'ils n'y auroient point d'emplois, & que les richesses dépérissent tous les jours par les vices de leurs possesseurs, par les partages & par mille autres accidents: ils ne pourroient pas seulement aspirer à des charges militaires dans les régiments que la Suisse fournit aux puissances étrangères, parceque les étrangers n'y sont point admis: il faut pour pouvoir occuper des emplois & des charges chez les Suisses, être citoyen de quelque Canton; & cela n'est presque plus possible, après les règlements que l'on a fait partout à ce sujet.

Dans tous les cantons de la Suisse, les gens d'une certaine naissance ont été obligés de prendre des précautions contre la pauvreté. Dans les cantons démocratiques, les plus riches familles, se marient entre elles: un garçon pauvre épouse une fille riche de la même famille. Dans les cantons Aristocratiques ils font le négoce comme à Zurich, ou bien ils se soutiennent par les emplois, comme à Berne & à Lucerne. Berne étant le plus grand canton de la Suisse, dont il fait presque la moitié, a tant de baillages & d'autres emplois à donner, qu'une personne de l'aristocratie est sûre d'avoir, tôt ou tard, un emploi où il pourra gagner bien de l'argent. Mais le moyen le plus ordinaire de tous les Suisses de condition, c'est de prendre service chez les puissances qui ont besoin de troupes étrangeres, & qui pour cette raison, leur font des conditions plus avantageuses, qu'à leurs régiments nationaux. Cela soulage d'abord les familles de l'entretien de ceux qui entrent au service en qualité d'officiers; & lorsqu'ils sont une fois parvenus à avoir une compagnie, il leur est aisé de faire des épargnes & d'apporter de fortes sommes chez eux. Les bons citoyens des différents cantons déclament fortement contre cet abus invétéré de donner des troupes aux puissances étrangères: ils disent que cela depeuple la campagne; diminue le nombre des ouvriers; affoiblit l'industrie & corrompt les mœurs: mais d'un autre côté cet usage donne à la Suisse un grand nombre de soldats, sans qu'elle soit obligée de les nourrir; qu'elle peut toujours employer en cas de besoin à son propre service; & fait entrer dans le pays des sommes considérables, non seulement par la paye des soldats & des officiers, mais aussi par les pensions que la France en particuliers accorde aux Suisses. Cette considération l'emportera toujours, auprès des personnes d'une certaine condition sur toute autre réflexion; ainsi les Suisses fourniront toujours des troupes aux princes qui en voudront.

Vous êtes à présent dans un païs où tout ce que je puis vous dire des Suisses, vous fera bailler: vous trouverez que ce sont des bagatelles en comparaison de ce que vous voyez en Hollande. Je n'oserois pas vous parler du commerce & de l'industrie des Génevois & des Zurichois; je n'oserois vous dire que j'ai vu, dans ma première tournée en Suisse de très belles campagnes dans le canton de Zurich, de très bons paturages sur les montagnes d'Appenzel, de Berne & de Fribourg; que j'y ai connu de très riches paysans aux quels leurs bestiaux & leur frommage procurent un profit de plus de quatre mille Livres par an; que les montres de Genève, les toiles d'Appenzel, de Zurich & de

St. Gall, font entrer dans la Suiffe des fommes immenfes; que les Zurichois gagnent confidérablement par leurs fabriques de foye, de mouffelines & de coton; qu'enfin la Suiffe eft un païs heureux, qui abonde en tout ce qui eft néceffaire à la vie, excepté le fel, le bled & le vin qui lui manquent un peu, mais qu'elle fe procure aifément avec ce qu'elle a de fuperflu & avec l'argent que lui fournit fon induftrie.

Vous aviez trop bonne opinion de moi, quand vous me follicitates à vous faire un parallele de la Suiffe avec la Hollande, où vous êtes depuis quelque temps, & de vous communiquer mes conjectures fur la durée de l'une & de l'autre de ces républiques. Il n'eft pas de ma portée d'approfondir fi bien les chofes & de faire de pareilles obfervations: je ne vois que ce qui tombe fous les yeux; & je ne fais juger que d'après cela. Quand je fus la premiere fois en Hollande, tout m'étonna, la population, l'induftrie des habitans, le commerce, les richeffes, le grand nombre de manufactures, le grand nombre de villes, les ports fourmillant de vaiffeaux & les plaines couvertes de troupeaux. On m'a fait obferver que la feule province de Hollande, fans compter les fix autres, contient la moitié des habitans qu'ont tous les treize cantons Suiffes enfemble; & que dans la feule ville d'Amfterdam en particulier, il y a plus de monde que dans cinq ou fix cantons de la Suiffe. J'ai admiré le grand nombre de manufactures qu'on voit à Amfterdam, à Harlem, à Sardam, à Leyden &c. d'abord celles que ces villes poffédent feules, comme Amfterdam la rafinerie du camphre & la taille des diamants, qui attire en même tems dans cette ville presque tout le commerce des diamants qui viennent en Europe; enfuite celles où elles ont peu de concurrents, comme les rafineries de vermillon, de foufre, de borax, de réfine, du blanc de baleine; les blancheries de cire, le blanchiffage des toiles à Harlem, & la conftruction des vaiffeaux à Sardam où l'on en fait pour tout le monde; enfin celles qu'elles ont en commun avec les autres païs, comme les papéteries, les rafineries à fucre, les moulins à huile & à fcie, les manufactures de draps, de velours, de damas, de satin, d'étoffes de soye, de différentes espèces de fil, de tapis, de galons d'or & d'argent, de porcelaine & de fayance &c. Les gens de la campagne y paroissent être, à proportion, plus aisés & plus riches que les habitans des villes. Les richesses des paysans de la Suisse, ne sont pas comparables, à beaucoup près, à celles des paysans Hollandois, & sur tout de ceux de la Hollande, de la Zélande & de la Frise; & certainement contre un paysan riche en Suisse, il y en a cent encore plus riches dans les provinces unies. Tout cela n'est rien encore en comparaison des richesses immenses qu'attire aux Hollandois, de tous côtés, leur commerce maritime, & en particulier celui de fret & de commission, qui les rend les voituriers, les commissionnaires & les banquiers de toute l'Europe; leur commerce exclusif des épiceries, qui devient encore plus considérable par les assortimens qu'il les met en état d'y joindre & par les retours qu'il leur procure; leurs pêches immenses, & surtout celles de la baleine & du hareng qui leur valent des sommes prodigieufes, & qui entretiennent un si grand nombre de matelots, que dans la derniere guerre, l'Angleterre attira sur ses vaisseaux vingt cinq mille matelots Hollandois, sans que la marine de la République en souffrît un grand dommage; les immenses possessions des compagnies Hollandoises dans les deux Indes; enfin la banque d'Amsterdam qui possede des tréfors inconnus, & qui attire par là le plus grand commerce dans cette ville.

Ainsi mon premier voyage dans ces païs si florissants, ne fut qu'admiration. Mais à l'occasion d'un second voyage que j'y fis, tous ces objets ne me surprenant plus, parcequ'ils n'étoient plus nouveaux pour moi, & mon imagination n'en étant plus fascinée, je fus en état de faire d'autres réflexions & d'autres observations. De nouvelles connoissances que j'y fis, me donnerent encore de nouvelles lumières. Des patriotes zélés me firent remarquer que les richesses de leurs compatriotes étoient trop grandes. l'Histoire a pu vous apprendre, me disoient-ils, que les richesses excessives, bien loin de rendre un état heureux, ne font que hâter fa ruine. l'Etat pauvre de Lacédémone a fubfifté plus long tems que l'opulente république d'Athènes, qui, malgré toutes fes richeffes, ne put s'empêcher de tomber fous le joug des Lacédémoniens. Les immenfes richeffes des Romains les firent d'abord tomber fous la tyrannie des empereurs & enfuite fous le joug des différentes nations du nord, les plus pauvres qui fuffent alors dans l'univers. Tous les états de la terre, comme toutes les chofes de ce monde, font fujets à d'éternelles révolutions; mais ceux qui touchent de plus près à l'état du plus grand bonheur où ils puiffent atteindre, font auffi le plus près de leur ruine: dès qu'ils ne peuvent plus monter, il faut qu'ils defcendent; & la defcente fe fait le plus fouvent par une chute précipitée, au-lieu que l'on ne monte que par dégrés & infenfiblement. Ces raifonnements font ufés; mais l'application en eft intéreffante. Les grandes richeffes font furtout pernicieufes aux états républicains. Examinez la marche de toutes les Républiques que nous connoissons par l'histoire, & vous verrez qu'elles ne furent pas plutôt parvenues à un état, qui fut beaucoup au dessus de la médiocrité, laquelle est leur état naturel, qu'elles tomberent avec précipitation.

Ces éclairés & honnêtes Citoyens me firent remarquer que la Hollande est chargée d'une immense dette nationale; que les impôts y sont plus énormes, que dans aucun païs du monde; que les vivres y sont plus chers qu'en Angleterre; que leurs fabriques & leurs manufactures tombent tous les jours de plus en plus, tant par la cherté des vivres, que par la concurrence des autres nations; que leur marine de guerre, qui, à leur avis, est la seule chose qui pourroit les rendre respectables, est nulle; tandis qu'ils ont des troupes de terre qui ne leur servent de rien, puisqu'ils ne seront jamais en état de les augmenter & de les discipliner au point où leurs voisins ont porté le nombre & la discipline de leurs troupes; que les possessions de la Comp. des Indes dans l'Asie sont en mauvais état; qu'elle y a des gens en charge, dont elle se contente peu, de mauvaises troupes & de mauvais forts, & que par conséquent ces païs là sont à la merci de la première flotte qui voudra s'en emparer ; que l'agriculture est négligée dans toutes les provinces unies, hormis les paturages qui se trouvent dans les provinces les plus peuplées & près des grandes villes ou sur les bords des canaux ; que les landes de la partie la plus élevée de la Frise, celles des provinces d'Overyssel, de Gueldres & de Zutphen sont immenses; & que si les paturages enrichissent les propriétaires, ils ne favorisent pas la population si bien que la culture des champs, puisqu'il faut moins de bras pour cultiver une prairie, qu'un champ de la même étendue ; que les divisions & les jalousies entre les différentes provinces sont éternelles & d'une grande conséquence, puisque les provinces du continent poussent leur jalousie contre les provinces maritimes au point, qu'elles s'opposent au rétablissement de la marine de guerre, sans laquelle la Hollande ne sera jamais respectée, quand même les provinces maritimes accorderoient à celles du continent des contributions pour augmenter au double les troupes de terre. C'est, me difoient-ils, la jaloufie des mains & de la bouche contre l'eftomac pour les aliments qu'il demandent d'elles. De plus la mer fait aux provinces qu'elle baigne une guerre continuelle; & les digues que l'on a élevées pour la contenir, ne font pas fuffifantes, parcequ'elle mine continuellement par-deffous ces digues, & elles font encore mal entretenues, même dans les endroits les plus dangereux.

J'accorde, me difoit un jour, un refpectable négociant d'Amfterdam, que le commerce de fret & de commiffion, la pêche, la vente des épiceries, les manufactures & les fabriques que nous poffédons feuls, ou avec peu de concurrence, celles même où nous ne faifons que peu de profit par la concurrence & la fupériorité des manufactures établies ailleurs, enfin notre induftrie & notre parfimonie peuvent foutenir nos provinces encore très long tems; mais tout cela ne peut fimplement que les foutenir, & non lui procurer cette confidération & ce refpect néceffaire à un état pour n'avoir pas à trembler devant tout le monde dans toutes les occafions critiques, & pour lui donner cette confiance que le falut de l'état & le bien des citoyens exige. Sans la jaloufie qui regne entre les princes, tous les avantages qui reftent encore à la Hollande, ne fuffiroient pas pour lui affurer un état permanent.

Que valent ces mêmes richeffes aux particuliers? Qu'ils ont de l'argent & que pour le faire valoir, ils fe trouvent obligés de le placer chez les princes & chez les particuliers des païs étrangers, qui leur font banqueroute les uns après les autres, ou qui dumoins leur retranchent, de plus de la moitié, les intérêts qu'ils leur avoient d'abord promis, ce qui caufe des dérangements confidérables dans les maifons des prêteurs, qui en occafionnent d'autres dans celles de leurs correfpondants. En effet il arriva juftement dans ce tems là, que quantité de particuliers qui avoient placé leur argent en France, furent obligés de vendre leurs équipages, de diminuer le nombre de leurs domeftiques & de réformer leur table. Les plus riches particuliers de Hollande &

de Zélande n'oſeroient pas faire, ajouta mon reſpectable ami, la dépenſe que font en Angleterre, en France & en Italie les poſſeſſeurs des grandes terres, dont la valeur ne monte qu'à la moitié des richeſſes que les premiers ont en argent comptant; parceque l'argent, dès qu'on le fait valoir, eſt ſujet à mille accidents, qui vous l'enlèvent ou tout à la fois, ou en partie; au-lieu que les terres reſtent & que les déſaſtres ne peuvent tomber que ſur les fruits qu'elles produiſent. Auſſi les Hollandois ſe plaignent-ils beaucoup du luxe qui regne parmi eux, quoique ce luxe ne ſoit pas, à beaucoup près, égal à celui que l'on voit dans les païs que je viens de nommer, ſur tout ſi l'on y ajoute les dépenſes que l'on y fait pour toutes ſortes de débauches, qui ſont preſqu'inconnues en Hollande, en comparaiſon de ce qui ſe pratique ailleurs. Il n'y a que les terres qui donnent une richeſſe réelle & ſolide: celle qui vient de l'argent comptant, n'eſt que paſſagère; & il n'y a pas grand fond à faire ſur elles comme on le voit très clairement par l'exemple de la Hollande. Dans le tems où nous sommes, cette grande abondance d'argent comptant devient même dangereuse : car elle porte les particuliers à imiter le luxe des états monarchiques : quantité de nos jeunes gens voyagent dans les païs étrangers, d'où ils ne rapportent que les vices : pour un qui en revient plus sage, il y en a dix qui se transforment en sous : ils en reviennent l'esprit & le cœur gâtés : ils ne nous parlent que de filles d'opéra, de spectacles, du bon ton, de modes, du Mercure galant, de vers & de versificateurs.

Si ces choses sont aussi vraies qu'on me les a dépeintes, il en résulte que si l'état des cantons Suisses est moins brillant que celui de la Hollande, il est certainement plus solide, & de nature à devoir durer beaucoup plus long tems : la situation de ces cantons & la qualité de leur terrein sont telles, qu'ils ne pourront jamais s'elever au dessus de l'état de médiocrité, qui convient le plus à tous ces gouvernements, & surtout aux Républicains : s'il y a de petits cantons démocratiques que les factions & l'anarchie pourroient annéantir, les cantons aristocratiques sont assez puissants pour rétablir l'ordre & pour empêcher qu'un prince étranger ne puisse profiter de ces accidents. Berne va toujours en augmentant en richesses & en puissance; & il n'est pas à craindre que le gouvernement s'en serve à autre fin qu'à maintenir la confédération & à la faire respecter des étrangers. l'Histoire des tems passés & les exemples récents ont assez fait connoître à tous les états republicains, qu'aussitôt qu'ils entreprennent de faire des conquêtes & d'étendre leur territoire, ils ne font que hâter leur ruine.

Les montagnes, le commerce de terre, les manufactures pour lesquelles il faut tirer des païs étrangers les matieres premières, les emplois civils, les charges militaires chez les puissances étrangères, qui sont les principales sources d'où les Suisses tirent leur subsistance, ne sont pas propres à donner des richesses excessives: ainsi le luxe, l'ambition & la débauche, ne pourront jamais s'établir si fort chez les Suisses, qu'il en puisse naître de grands désordres. Les jeunes gens qui prennent service en France, sont quelquefois infectés des vices qui y regnent ; mais ils ne viennent pas plutôt demeurer chez eux, que la tête cesse de leur tourner ; & dès qu'ils sont peres de famille, la mediocrité de leur fortune & l'exemple général les rendent aussi sages que les autres.

Tous les cantons sont remplis d'hommes d'une vertu mâle & républicaine. Les Suisses sont les seuls de tous les peuples modernes qui connoissent & pratiquent cette vertu qu'on appelle l'amour de la patrie, dont les autres nations ne savent pas seulement se former une idée. C'est surtout à Zurich, à Berne & à Basle, que l'on voit de pareils citoyens en grand nombre. Il y a des sociétés qui n'ont d'autre but que de songer à rendre heureux leurs concitoyens, & de faire fleurir les différents états confédérés. La plus nombreuse de ces sociétés est celle que l'on appelle de *Sinsnach*, du nom de l'endroit où elle s'assemble. Là se rend, une fois l'année, un très grand nombre de personnes de mérite de tous les cantons. & de tous les païs alliés de la Suisse, pour se communiquer mutuellement leurs pensées sur ce qui peut contribuer à faire fleurir l'agriculture, les manufactures, les fabriques, le commerce, les sciences utiles, & enfin sur tout ce qui peut servir au bonheur général de tous les cantons & de toutes les classes de citoyens: les païsans y sont admis comme les premiers gentils-hommes & les plus fameux négociants: ces sages républicains n'envisagent que le mérite & vont le chercher jusque dans la derniere classe: ils font le même cas des bons conseils d'un païsan, que de ceux d'un magistrat.

Les Suisses cultivent beaucoup les sciences, & ils ont un grand nombre de savants: l'esprit de liberté regne chez eux dans les sciences, comme dans l'état politique: chacun suit son goût, & s'attache par préférence à la science pour laquelle il a le plus d'inclination; mais il est remarquable que tous ces savants dirigent, autant qu'il leur est possible, leurs études vers le bien public: c'est ainsi que leurs physiciens, leurs médecins, leurs mathématiciens même choisissent préférablement, chacun dans sa science, les objets qui peuvent intéresser toute la société : ils n'approfondissent la théorie, que pour l'appliquer à la pratique : leur esprit entiérement tourné vers le bien de l'humanité & de la patrie, ne leur permet pas de se borner à la spéculation. Mr. *Haller*, profond dans toutes les sciences utiles & excellent poëte, n'a pas même voulu composer des poësies & des romans, qui ne fussent également agréables par leur beauté, & interessans par la politique & la morale qui en font la base.

L'esprit patriotique domine ici jusques dans le clergé : ce qui fait que quantité de ministres Suisses s'occupent à enseigner aux païsans l'agriculture & l'œconomie. Il y a cependant aussi en Suisse des curés qui, par zèle, font ce qu'ils ne devroient pas faire : tels sont ceux qui se mêlent de faire des *Herrenbuters*, au lieu de laisser les hommes dans la religion de leurs peres.

Si jamais le corps Helvétique vient à essuyer quelques sécousses, il est vraisemblable que ce sera de la différence des deux religions qui y dominent, que les coups partiront. La religion catholique, non pas celle de l'évangile, mais celle que l'on prêche & que l'on pratique, est intolérante & jalouse: elle fait naître les discordes dans le sein de la concorde même. Il n'y a pas long tems que le feu Cardinal *Roth*, évêque de Constance, fit naître des dissensions dans le sénat de Lucerne, parcequ'il y avoit des sénateurs qui soutenoient qu'on ne devoit pas permettre aux moines de la Suisse de dévorer les séculiers: un sénateur très-respectable fut, pendant très long tems, dans le danger de perdre la tête; mais le sénat se souvint qu'il ne devoit pas être la dupe d'un Cardinal: il lui écrivit des lettres très sensées & pleines de gravité; mais il fut obligé de sacrifier ce sénateur à la rage sacerdotale, en le faisant sortir de l'Etat. Cependant le Canton de Berne, qui professe une religion tolérante & qui est puissant, est toujours à portée d'empêcher que de pareils troubles ne puissent occasionner la ruine de quelqu'un des cantons confédérés.

Je m'en vais à présent tout droit à Venise, en passant par Genève & Turin: je m'arrêterai seulement deux jours à Lausanne dans le beau païs de Vaux, qui fournit aux païs étrangers tant de savants, tant de véritables gens de Lettres, & tant de véritables pédans, tant de prédicateurs, tant de bons & tant de sots gouverneurs d'enfants, tant de valets de chambre & tant d'honnêtes domestiques, qu'on prendroit ce petit païs, sujet de Berne, pour un florissant Royaume.

Les autres Cantons Suisses accusent communement Messieurs de Berne de fierté & de hauteur. Cette imputation, qui est d'une legere conséquence dans tous les autres états, est très-importante chez des Républicains. L'égalité est la base de toute société républiquaine: ainsi tout ce qui la choque réellement, opére infailliblement sa destruction: & tout ce qui la choque en apparence, produit au moins des discordes & des factions intestines, qui quelquefois éloignent le mal, qu'on avoit soupçonné, & quelquefois réalisent celui, qui n'étoit qu'apparent. Si l'on peut juger

juger de la modération du sénat de Berne par la manière dont il gouverne ses sujets, je croirois volontiers, que ce que l'on appelle ici hauteur est plûtôt une fermeté inspirée par une conviction d'aller au bien commun, que l'effet d'une haute opinion qu'ils ayent de leur puissance.

LETTRE NEUVIEME.

Venise 5. Janvier 1775.

Inconvénients attachés au séjour de cette ville : nobles Vénitiens : leurs gênes. Citadins ; emplois auxquels ils peuvent aspirer. Commodités des caffés & des théâtres de Venise. Casins dans la ville : dames Vénitiennes & leur manière de vivre. Mascarades. Caracteres des dames & des nobles Vénitiens. Doge de Venise. Etat des sciences. Sciences favorites des nobles. Leur façon de penser en fait de religion. Chevalier Tbron.

C'est pour la troisième fois que je viens & que je m'arrête dans une ville, où je ne pourrois pas demeurer deux jours sans les amis & les autres connoissances que j'y ai. Cette situation sur la mer rend le séjour de Venise désagréable à ceux mêmes qui y sont accoutumés dès l'enfance. Il n'y a aucun Vénitien qui ne cherche d'aller faire quelque promenade ou quelque séjour dans le continent, autant que son état le lui permet. Ils y voyent des arbres, des prairies, des vignobles, des champs, des vallées, des collines, des jardins, des carosses, des chevaux, des vaches, des ânes, des moutons, des rues larges & longues, des gens qui se promenent à leur aise, d'autres qui courent à cheval, d'autres qui se font trainer en carosse, d'autres qui se font porter en litière; & ils ne voyent rien de tout cela à Venise. s'Ils sortent de leurs maisons à pied, ils sont obligés de marcher par des rues étroites, où ils sont coudoyés par tous ceux qu'ils rencontrent, & où ils ne voyent que des gens qui courent comme eux, parcequ'il ne faut pas s'aviser de marcher doucement dans des rues, où l'on est continuellement poussé d'un côté à l'autre, & où les hautes maisons interceptent l'air & le soleil: s'ils sortent en gondole, qui sont les barques dont les Vénitiens se servent dans leurs lagunes, ils ne rencontrent que des gondoles égales à celles où ils sont, à quelques unes près qui appartiennent aux Ambassadeurs & aux autres étrangers, qui veulent bien faire la sotte dépense de les faire parer, pour le peu de tems qu'ils y restent. Toutes les autres barques, même celles des nobles, sont couvertes d'un drap noir qui attriste la vue, surtout de ceux qui n'y sont pas accoutumés. Les maisons bâties dans la mer sur des pilotis ou sur des rochers, forment autant de canaux d'eau, qu'elles forment de rangées de côté & d'autre : les quais y sont rares : ainsi quand vous allez en gondole, il ne se présente presque jamais à votre vue que des rangées de maisons, qui sont de quatre ou cinq pieds dans la mer, & point de rues entre les canaux & les maisons ; comme, lorsque vous marchez dans les rues, vous ne voyez presque nulle part la mer, excepté dans les endroits où il y a des ponts ; parceque les maisons qui se trouvent des deux côtés, vous en interceptent la vue. Les rues communiquent les unes aux autres par des ponts de pierre, où l'on monte & descend par des gradins de la même matiere. Ce sont ces ponts qui empêchent d'avoir ni caroſſe, ni chevaux, ni autres beſtiaux à Veniſe. Outre cela les rues y ſeroient preſque toutes trop étroites pour qu'un caroſſe pût y entrer. L'unique promenade de Veniſe, où l'on puiſſe être à ſon aiſe, eſt la place de St. Marc: on ſe promène auſſi ſur des quais; mais il y en a trop peu, & ils ſont trop étroits, pour que beaucoup de monde y ait aſſez de place. Jugez maintenant par vous même ſi l'on peut reſter long tems dans une telle ville, ſans s'ennuyer de tant d'uniformité dans le peu d'objets qui tombent ſous les yeux, puiſque ce ne ſont que des maiſons dans l'eau, des gondoles noires, des hommes qui courent malaiſément par les rues, ou qui ſe promenent à leur aiſe dans une ſeule place.

Ce n'eſt pas tout: on ne peut aller librement & avoir de ſociété que chez les miniſtres étrangers. On ne va voir les Venitiens dans leurs maiſons, que pour des affaires ou pour des maitreſſes. Dans le premier cas, on s'en va dès que l'affaire eſt finie : dans le ſecond, vous chaſſez le mari de chez lui qui n'a d'autre reſſource que d'aller luimême faire ailleurs ce qu'un autre eſt venu faire chez lui. Les Vénitiens mêmes ne font pas dans les maifons les uns des autres pour d'autres raifons que celles-là. Le Gouvernement a altéré à cet égard le naturel des Vénitiens: ils font naturellement très fociables, comme tous les Italiens; mais le gouvernement étant extrêmement foupçonneux & faifant paroître fes ombrages pour les moindres chofes, les fujets craignent, en fe fréquentant dans les maifons, de fe rendre fufpects aux inquifiteurs d'état; & ils aiment mieux fe voir dans la place de St. Marc & dans les caffés, où ils font expofés aux yeux du public & des efpions: les nobles Vénitiens fe voyent entre eux au *Broglio*, nom que l'on donne à une partie de la place de St. Marc, où ils s'affemblent & où les autres n'ofent pas aller pendant qu'ils y font: cela n'empêche pas que ces nobles ne fe repandent par tous les caffés, & n'aillent dans toutes les maifons où ils veulent: ils évitent feulement de fe voir trop fouvent en particulier les uns chez les autres, à moins qu'ils ne foient proches parents, à caufe de l'ombrage que cela pourroit occafionner à l'état; mais quand ils vont dans les maisons des citoyens, ils sont censés y aller pour faire cocu le pere de famille; ce dont le gouvernement ne s'embarrasse guéres. Ces nobles Vénitiens ne peuvent avoir aucune sorte de liaison avec les ministres étrangers. Il n'est permis à aucun noble de leur faire une seule visite ou d'en recevoir, sans qu'il en donne avis au gouvernement: ce qui les porte à se conduire à cet égard avec tant de circonspection, qu'ils évitent les caffés & toute autre boutique où ils voyent quelque ministre étranger. Ils ne s'arrêtent pas non plus à faire une longue conversation avec les autres personnes qui vont fréquemment chez ces ministres, ou qui sont autrement en liaison avec eux.

Les bourgeois de la premiere classe qui sont appellés *Cittadini*, imitent l'exemple des nobles, parce qu'une partie de ces bourgeois occupe, & qu'une autre brigue des places importantes dans l'état, comme celles de secrétaire dans les différents tribunaux ou auprès les Ambassadeurs, & les gouverneurs de provinces, celles de résidents & autres pareilles:

une autre partie de cittadins s'applique au bareau en qualité d'avocats & de procureurs, qui sont des professions très-lucratives à Venise. Le travail assidu qu'exige leur profession, empechent ceux-ci de voir du monde chez eux, comme la politique en empêche les autres. Ces inconvénients sont reparés à Venise par d'autres commodités que l'on ne trouve pas ailleurs: les caffés & les théatres y tiennent lieu de maisons: au lieu d'aller voir un noble, un cittadin, un avocat chez lui, on va lui faire visite à son caffé ou à sa loge au théâtre. Les nobles & les cittadins riches ont aussi des maisons où ils s'assemblent le soir, pour avoir de la société où l'on joue & où l'on fait tout ce que l'on veut: Ils appellent ces maisons *Casins*: quand on est un peu connu, on est bientôt introduit dans ces casins. Les femmes vont ici aux caffés comme les hommes; ainsi il suffit de connoître une dame de considération pour avoir tous les agréments que l'on peut tirer de la société: elle vous fait faire connoissance avec ses galants, ses amis, ses parents; & ceux-ci vous en font faire avec les leurs: vous les allez voir les uns après les autres, à leurs caffés, à leurs loges, à leurs *Casins*: outre cela, vous allez voir la dame à son lever; car les Dames ne se refusent pas ici aux visites comme les hommes: elle viendra même vous voir chez vous: Ensuite vous allez ensemble où il vous plait: le soir, vous la revoyez à votre gré; avant les spectacles, au caffé, pendant le spectacle, à la loge; & si vous vous y ennuyez, vous allez chez les autres personnes de votre connoissance. Le masque a été l'origine de cette grande liberté dont jouissent ici les femmes. Les trois quarts de l'année, on va ici en masque; & la coutume en est si bien établie & si universelle, que l'on va même faire & rendre visite en cet habillement. Dans les tems passés, les femmes se couvroient aussi le visage, & alloient où elles vouloient, comme font aujourd'hui les dames de Florence durant le carnaval, qui étant surveillées toute l'année par leurs maris ou leurs sigisbés, regagnent pendant le carnaval, leur liberté à la faveur du masque. Le fréquent usage du masque ayant une fois établi, parmi les Vénitiennes, la coutume de pouvoir sortir & aller où elles veulent, elles ne se gênent plus à présent, & ne se tiennent plus le visage couvert; mais elles mettent, comme les hommes, leur masque sur leur chapeau, & se laissent voir à visage découvert, à moins qu'elles n'ayent quelque raison particuliere d'en user quelque fois autrement. Quand elles ne veulent pas sortir en masque, elles ont un autre moyen de se déguiser, dont elles se servent soit le matin, soit dans les tems où les masques sont defendus: elles se mettent alors en *Zendado*, qui est un voile de taffetas noir dont elles s'enveloppent la tête, & qui leur descend par derriere les épaules jusqu'au dessous de la ceinture : c'est une autre espèce de mascarade assez commune dans une grande partie de l'Italie, qui empêche de connoître les femmes, à moins qu'elles ne le veuillent bien, & qui dans le même tems fait un très bel effet : il y a deux dames ici qui viennent dans cet habillement prendre le chocolat chez moi. Les femmes des nobles Vénitiens usent de cette liberté comme les autres.

En général les nobles Vénitiens, hommes & femmes, ne sont point orgueilleux: ils savent pourtant faire les fiers dans le besoin : ils parlent volontiers à tous ceux qui ne leur font point d'ombrage ; & quoiqu'il y en ait dans presque tous les caffés, on en est aussi peu gêné, que s'ils n'étoient que des étrangers: toute la distinction qu'on leur fait, c'est qu'on les appelle *eccellenzo*, quoiqu'ils soyent en habit de masque. Cependant il y a des personnes qui, aimant à parler librement, fuient les caffés où les nobles ont coutume d'aller: les nobles qui le savent, sont assez polis pour ne pas aller les y troubler; & quand il leur arrive d'entrer dans ces caffés, ils se retirent dans des chambres à part, dont il y en a toujours plusieurs dans tous ces endroits.

Le doge lui-même peut aller en masque partout où il veut; & rien ne l'empêche qu'il ne puisse aller aux caffés à son gré, comme les autres nobles. j'ai vu ce doge, qui est un *Mozenigo*, plus d'une fois, chez le libraire *Pasquali*, qui est le plus fameux libraire de l'état de Venise: il étoit fort faché contre ce libraire de ce qu'il imprimoit si souvent des livres défendus, comme *Guicciardini*, *Giannone*, *Machiavelli*; mais *Pasquali* s'en embarrassoit fort peu, puisque le sénat avoit fait un decret qui permettoit à tous les libraires d'imprimer tous les livres qui avoient été une seule fois imprimés dans quelques endroits catholiques avec l'approbation des censeurs ecclésiastiques. Or vous savez Monsieur, qu'on a autrefois imprimé en Italie & à Rome même, les ouvrages de *Machiavel*; & qu'ils ont été goûtés & loués par les papes pendant dix ans entiers, avant qu'ils s'avisassent de les défendre, comme ils ont fait depuis avec tant de rigueur. Il y a parmi les nobles Vénitiens quantité de personnes éclairées & libres de tout préjugé: ils s'appliquent indifferemment à toutes les sciences; mais celles qu'ils cultivent le plus, sont les belles-lettres, l'histoire & la politique. Il me paroit que des gens destinés au gouvernement ne sauroient pas choisir des sciences plus utiles. Cela me rappelle un bon mot que j'ai ouï dire à un noble, qui fait actuellement la plus grande figure dans l'état, qui a été ambassadeur à plusieurs cours, & qui a été l'auteur de plusieurs excellents règlements que l'on a faits ici depuis peu: deux moines en habit de masque disputoient dans un caffé, où je vais pour l'ordinaire le soir, sur une question de mathématique; ils se disoient déjà des injures, lorsque le chevalier entra; alors l'un des moines crut pouvoir terminer cette querelle par l'autorité de ce noble: il lui exposa le sujet de leur dispute & le pria de la vouloir décider: le chevalier à qui cette science n'est point étrangère, ne voulut pourtant leur faire d'autre réponse que celle ci: *Messieurs, je ne sais rien de tout ce que vous savez; & vous autres vous ne savez rien de ce que je sais.* Cela humilia les deux moines, & la dispute fut finie. Ce même chevalier s'assit après cela auprès de moi, & me dit, " ces deux moines que vous " voyez, passent ici pour des hommes " très versés dans la littérature & très " profonds dans les mathématiques.

„ Quant à leur science mathématique,
„ elle est de cette espèce qui n'est bon-
„ ne à rien, qui ne produit rien de réel
„ ni d'utile : je méprise toute cette race
„ de savants, surtout depuis que j'ai remar-
„ qué dans mes voyages que de simples
„ païsans & des artisans méprisés par les
„ savans ont imaginé en Allemagne, en
„ Suisse, en Suède, en Angleterre,
„ dans notre état même de Venise, des
„ choses de la plus grande utilité pour
„ la société, au lieu que ces grands rai-
„ sonneurs n'ont jamais inventé qu'une
„ maniere de vivre folle & contraire à
„ celle des autres hommes ; de sorte
„ qu'on va les voir pour rire, comme
„ on va entendre les bouffoneries de l'ar-
„ lequin & les sottises du docteur à la
„ comédie. l'Incomparable *Zabaglia*,
„ qui est de tous les méchanistes mo-
„ dernes celui qui s'est le plus appro-
„ ché de la simplicité des anciens, no-
„ tre grand méchaniste *Ferracini* ne sa-
„ voient pas seulement écrire ; & ils
„ ont imaginé des choses dont la moin-
„ dre vaut infiniment plus pour l'utili-
„ té publique, que ce que les plus
„ grands savants de nos jours se vantent

» d'avoir trouvé de plus important.
» Quant à la littérature de ces deux
» moines, elle est encore de ce genre
» que je méprise : elle est toute tirée
» des auteurs modernes ; & qu'est-ce
» qu'on y apprend ? du verbiage dans l'ex-
» pression, de la bassesse dans les senti-
» ments, de l'enflure dans le style, enfin
» des sottises de toute espèce : je n'aime
» que les auteurs de l'ancienne Grèce
» & de l'ancienne Rome, parceque j'y
» trouve des sentiments nobles & dig-
» nes de l'homme, & que leur diction
» est toujours celle qui convient à la
» matiere qu'ils traitent. C'est une
» chose remarquable que l'on ne voit
» parmi les anciens absolument aucun
» auteur que l'on puisse appeller un sot,
» au lieu que parmi nos ecrivains mo-
» dernes il n'y a presque que des sots,
» soit pour la matiere qu'ils traitent,
» soit pour la façon dont ils la traitent.
» Excepté cinq ou six écrivains parmi
» ceux qui cultivent aujourd'hui les
» belles-lettres, & peut être une qua-
» rantaine parmi ceux des deux derniers
» siécles, tous les autres sont assez gé-
» néralement reconnus pour des ames

» lâches & des écrivains ennuyants. Que
» doit-on donc penser de la littérature
» moderne & de ceux qui s'y appliquent
» en négligeant l'ancienne ? »

Il y a peu de nobles Vénitiens & peu de Gentils-hommes dans toute l'Europe qui pensent comme ce chevalier : aussi est-il de tous les ministres d'état de ce tems, celui qui a fait le plus de bien à sa patrie; & il en auroit fait beaucoup plus, si le sénat eût voulu seconder ses vues & approuver ses propositions. Les plus riches & les plus puissants nobles Vénitiens sont encore presque tous trop esclaves du clergé & de l'éducation qu'ils ont reçue, pour se laisser porter à réformer les desordres que le clergé a occasionné dans l'état : l'unique maxime qui est commune à tous les nobles, c'est de ne se pas laisser écraser par la cour de Rome & par le clergé; c'est ce qui leur fait dire qu'ils sont nés Vénitiens avant d'avoir été faits Chrétiens. C'est pourquoi ils ont toujours d'un commun accord fortement resisté aux papes, lorsque ceux-ci vouloient les opprimer ; & qu'ils ont mis certaines barrieres au clergé, pour qu'il ne puisse pas trop s'élever, ni trop voler au préjudice de l'état. Mais la plupart sont encore enchaînés par des préjugés qui ne leur permettent point de passer outre & de penser ou de consentir à une réforme de tant d'autres abus & de tant de désordres qui infectent encore l'état, & ruinent insensiblement les sujets. Le Chevalier *Tbron* a proposé au sénat divers règlements qui auroient été d'une grande ressource pour le trésor épuisé de la république, & qui auroient procuré de grands avantages à l'état, s'ils avoient été tous approuvés; mais il ne put faire agréer que quelques propositions de la moindre importance; & pour les autres, il ne fit que s'attirer des mortifications & des insultes. Si l'on peut juger par les livres que des personnes de sa connoissance, qu'il protégeoit, ont publiés, je crois qu'il auroit insensiblement fait abolir tous les ordres de moines & permettre le mariage aux prêtres, si on l'avoit écouté: cependant il a réussi à faire abolir tous les petits couvents dans l'état, en faisant chasser par les dragons ceux qui s'opiniatroient à vouloir y rester; à mettre des bornes à la profeſſion religieuſe, & à rétrancher quelques uſurpations de la cour de Rome. C'eſt lui auſſi qui a procuré aux libraires de Veniſe un peu plus de liberté pour l'impreſſion des livres, que n'en ont les autres libraires d'Italie, hormis ceux de l'état de Florence où le grand Duc actuel, prince vertueux, éclairé & très ſupérieur aux préjugés du clergé, ne permet pas qu'on les gêne. Le chevalier *Thron* a été très bien ſecondé dans toutes ſes démarches par les nobles *Vallareſſo*, *Rota* & *Duodo*, qui ſont tous des perſonnages très reſpectables. Le chevalier *Giuſtiniani*, homme d'un grand mérite & de grandes connoiſſances, étoit pour lors en Ambaſſade.

Je ſuis très perſuadé par la quantité de connoiſſances que j'ai faites à Véniſe & dans toutes les autres villes de cette République, que les ſujets les plus ſenſés & les plus éclairés ſe trouvent dans le ſénat: car les prétendus ſavants qui ſont hors de cette illuſtre claſſe, ſont preſque tous ou des théologiens ineptes ou des philoſophes médiocres ou des littérateurs pédants.

Cependant il y a dans le même sénat bien des personnes de la plus grande ignorance; & ce sont par malheur celles qui occupent les charges de la plus grande importance. Lorsque le Marquis *Beccaria* publia son *traité des délits & des peines*, les inquisiteurs d'état de ce tems-là trouverent ce livre abominable: l'ignorance avoit autant de part à ce jugement, que la prévention pour le systême de ce tribunal, qui est tout opposé à celui du Marquis *Beccaria*. Comme l'auteur de ce traité n'y avoit pas mis son nom, il n'y avoit alors que les gens de lettres qui sussent que ce marquis en étoit l'auteur. Les inquisiteurs d'état d'alors n'étant que des gens soupçonneux sans aucune teinture de lettres étoient dans l'opinion que ce livre avoit été publié par un noble Vénitien, appellé *Angelo Quirini*, qui avoit essuyé la barbarie du tribunal de l'inquisition: ils formerent contre lui un procès & firent venir devant eux les amis de ce noble & les gens de lettres de Venise: Le Comte *Gaspar Gozzi* fut un de ceux qu'ils interrogerent le plus: celui-ci tacha de leur persuader que le véritable auteur de ce livre étoit le Marquis *Beccaria*: ils voulurent le convaincre qu'il leur en imposoit; & voici la preuve la plus décisive qu'ils en apporterent: *l'ouvrage, lui dirent-ils, est intitulé Dei Delitle Delle Pene. La maniere d'écrire l'article* DEI *prouve que l'auteur est Vénitien; s'il étoit d'une autre partie de l'Italie, il auroit écrit* DELLI; *or si c'est un Vénitien, il est clair que ce doit être le noble Ange Quirini.* Le Comte *Gozzi*, qui est lui-même auteur de plusieurs ouvrages, écrits en beau stile Italien, fit voir à leurs Excellences qu'elles se trompoient, en leur faisant remarquer que les regles de la langue exigent que dans ce cas on écrive *Dei* & non *delli* : il leur dit que le noble *Quirini* étoit très versé dans les belles-lettres, & qu'il savoit trop bien la langue Italienne pour commettre dans un livre une faute contre cette langue. Cela termina le procés & le noble Vénitien fut laissé en repos.

Il y a quelques années que je fus faire une visite à un Noble qui jouissoit d'une grande réputation: comme c'étoit la premiere fois que je le voyois, je lui fis le compliment ordinaire en lui difant que j'étois enchanté de faire la connoiffance d'une perfonne de fon mérite: il me répondit la deffus felon la coutume; & il ajouta qu'il ne valoit plus rien; qu'il avoit deja foixante & dix ans paffés, & que le peuple le plus fage de la terre avoit décidé que des gens de cet âge étoient pour la fociété un fardeau dont elle devoit fe débaraffer. *Les Romains, dit il, jettoient les feptuagénaires du haut d'un pont dans le Tibre; & c'eſt pour cette raiſon qu'on appelloit Dépontani tous les gens de cet âge là.* Je ne pouvois me figurer où ce noble avoit puifé fon érudition: il avoit paru environ dans le même tems la traduction de Suétone de Mr. de la Harpe: je m'imaginois que s'il y avoit un livre au monde où cette anecdote du peuple Romain pourroit fe trouver, ce feroit fans doute dans cette traduction qui s'écarte fi fort de fon original; mais après l'avoir feuilleté d'un bout à l'autre, j'ai remarqué qu'il a fait dire à fon auteur tant d'autres fôttifes, & qu'il en a tant dit lui même dans fes remarques, que celle-ci n'y pouvoit plus trouver de place. Je vous parlerai une autre fois de la doctrine des Vénitiens.

Pour à présent il faut que j'aille à l'opéra serieux : il y a ici, comme dans toutes les autres grandes Villes d'Italie, des théatres pour l'opéra serieux & d'autres pour l'opéra comique. La premiere chanteuse au grand opéra est une Allemande, de même que celle j'entendis une fois à Naples. Vous voyez par là que les Italiens ne sont point jaloux des chanteuses de leur nation, & qu'ils ne croyent point avoir obtenu de la nature le privilège exclusif de la musique, comme se l'imaginent la plupart des François à l'égard de leur nation, quelque choquante que soit leur musiqe aux oreilles de toutes les autres Nations.

LET-

LETTRE DIXIEME.

VENISE le 8 Janvier 1775.

Etat des Sciences en Italie: gênes des gens de Lettres: obstacles qui s'opposent à la publication des livres. Gens de Lettres de la Toscane: liberté d'imprimer dans ce païs: facilité qu'ont les moines de publier leurs ouvrages: nouvelle édition des œuvres de S. Bonaventure. Passage remarquable qui se trouve dans un livre de ce S. Docteur. Avantage de l'Italie par rapport aux sciences, en ce qu'elle est partagée en plusieurs états, & qu'elle a plusieurs métropoles. Disputes sur différentes matieres entre les Jésuites & les Dominicains: autres sujets de disputes entre différents ordres ecclésiastiques & avec le clergé séculier. Mauvaise conduite du Pape Rezzonico: livres que cette conduite occasionna. L'abbé Muratori, le marquis Maffei, Giannone, L'abbé Genovesi; l'abbé Métastase, Goldoni, le comte Gozzi

Benoît XIV, *son ouvrage* de canonisatione sanctorum. *Lami*, *ses gazettes Littéraires*. *L'abbé Martorelli*, *son ouvrage* de Theca calamaria. *L'avocat Matthei*, *sa traduction des pseaumes*. *Caractere des gens de Lettres d'Italie*, *qui s'appliquent à l'étude de l'antiquité*. *Mérite des traductions faites en Italien des ouvrages des anciens*, & *en particulier des traductions de Thucidide*, *de Tite Live*, *de Tacite*. *Jurisconsultes Italiens*; *œuvres du Cardinal de Luca*. *Décision de la Rote de Rome*: *Avocats de Venise* & *de Naples*. *Don Pepe Cirillo*: *Avocats de Rome* & *de Milan*.

Je vous ai promis dans ma derniere lettre de vous parler de la doctrine des Vénitiens; je ferai plus, je vous parlerai de celle de tous les Italiens en général. J'ai tâché de faire la connoissance de tous ceux qui passent pour les plus savants en Italie; & j'ai beaucoup lu leurs livres anciens & modernes. Il y a bien des personnes en Italie qui cultivent les sciences, & qui ne se soucient pas de publier des livres. Je sais qu'on peut dire cela de tous les païs; mais en Italie il y en a beaucoup plus que partout ailleurs. En Angleterre, en France, en Hollande, en Allemagne, un homme qui croit avoir un certain nombre de bonnes choses dans sa tête, est toujours tenté de les publier; les libraires le payent; le gouvernement ne le gêne point, ou bien l'on trouve le moyen de tromper sa vigilance; le public ne le persécute pas; s'il dit des sottises, on en rit; s'il écrit bien, on l'applaudit; enfin il n'a rien à craindre, & beaucoup à espérer: du moins il gagne un peu d'argent. C'est tout le contraire en Italie: les libraires ne donnent rien pour quelqu'ouvrage que ce soit: ils aiment mieux attendre qu'un livre ait paru pour voir comment il est reçu: s'il a du débit, ils en font une autre édition; & s'il n'en a pas, ils s'applaudissent de n'avoir pas fait cette dépense. Cela est peu de chose; car il y a bien des gens de lettres qui ne se soucient pas de l'argent; mais il faut craindre le Pape, l'inquisition, le gouvernement, les moines, & les chiens lâchés par les moines, qui sont la populace, les bigots & les hypocrites. Il ne] suffit pas qu'un ouvrage traite de matiéres dont le Pape & l'inquisition ne se mêlent pas: il faut aussi que le gouvernement n'y trouve rien à rédire. Je connois un homme de lettres à Naples qui a publié avec l'approbation des censeurs ordinaires l'histoire de Robert Roi de Naples: ce livre étant tombé entre les mains du ministre, avant que le libraire en eut vendu une douzaine d'exémplaires, il ordonna à l'auteur de retirer de l'imprimerie tous les autres exemplaires, & lui fit défense de les débiter: j'ai lu attentivement cet ouvrage: l'auteur a écrit tout simplement l'histoire du Roi Robert, qui étoit sage & vaillant: il ne se permet aucune réflexion étangère à son sujet: il ne fait aucune comparaison du regne de ce Roi avec celui des rois postérieurs: cependant le ministre a trouvé des raisons pour en défendre la publication. Je sais plusieurs autres exemples de pareilles défenses dans d'autres états d'Italie.

Supposé que l'auteur choisisse une matière qui ne puisse pas choquer le gouvernement, il faut encore que les moines en soient contents: sans cela ils se déchaîneront contre lui & le feront passer pour un insensé, quand il auroit écrit les meilleures choses du monde; ou comme un novateur, quand il n'auroit fait, comme on le fait partout, que reproduire de vieux systemes; ou comme un hérétique, quand il n'auroit traité que des sections coniques. L'abbé *Toaldo*, professeur d'Astronomie à Padoue, a publié un ouvrage météorologique, qui a eu l'approbation de tous les savants d'Allemagne, de France & d'Angleterre; mais les collégues de cet abbé sont des moines: la publication de ce livre les fait crever d'envie: ils ont donc fait accroire à leurs partisants que l'abbé *Toaldo* a ramassé dans son livre des contes de vieilles femmes; & vous entendez dire à tout le monde à Venise & à Padoue, que le pauvre professeur *Toaldo* est un faiseur de contes à dormir debout. Je sais encore plusieurs exemples de pareils tours que les moines ont joué à d'autres savants Italiens.

Ainsi, comme un grand nombre de gens de Lettres en Italie sont obligés de se taire & de ne rien publier pour ne point s'attirer d'affaires, je ne saurois vous donner une idée du mérite réel de ceux qui tiennent toute leur doctrine renfermée dans leurs têtes: tout ce que je puis vous en dire, c'est que les Italiens en général expriment bien dans le discours familier tout ce qu'ils savent, & tout ce qu'ils veulent vous communiquer: ils font valoir merveilleusement ce qu'ils vous disent; & ils ont l'art de vous faire entrevoir qu'ils en savent encore beaucoup plus: tout cela se fait naturellement, sans affectation, sans pédanterie, & d'une maniere qui est commune à tous les Italiens. Ils mettent du feu & de l'éloquence dans leurs discours; & quand ils finissent, ils paroissent le faire par modestie & pour éviter la pédanterie.

Les sujets du Grand Duc de Florence ne sont point gênés: ils pourroient publier tout ce qu'ils voudroient, à la barbe du Pape & des moines. Les libraires de la Toscane impriment tout ce qu'on leur envoye, sans avoir rien à craindre; mais les Florentins ont cessé de publier de bons ouvrages, déja depuis long tems. *Cocchi* qui étoit médecin, est peut être leur unique auteur de mérite parmi les plus modernes. *Lami* étoit un homme d'une grande érudition; mais ce n'étoit presque que de l'érudition : *Perelli* étoit un profond mathématicien; mais il ne se soucioit pas d'être auteur : il en est de même de quelques autres. Mais la plupart n'écrivent que des bagatelles, des fadaises, des sottises même qu'ils enveloppent dans de belles paroles. Il n'y a rien de plus joli pour les paroles, ni de plus fade pour l'éloquence, ni de plus plat pour la matière, que les *prose fiorentine*, qui sont des discours, des panégyriques, des oraisons funèbres des plus illustres membres de l'Académie de la *Crusca*. D'autres auteurs Toscans de ce tems ont publié de petites dissertations & d'autres brochures, qui, quoique pleines de bon sens & de solides connoissances, ne suffisent pas pour juger de l'étendue de leur doctrine. Il y a pourtant à Florence & à Bologne quelques savants dont il paroit qu'on devroit espérer de bons ouvrages, s'ils n'étoient pas obligés de soulager les libraires pour une partie des frais, & les libraires n'ont pas tort; puisqu'en Italie, le débit des livres dépend de tant de circonstances. D'ailleurs les Italiens ne sauroient guéres écrire qu'en Italien ou en latin; Et combien y en a-t-il hors de l'Italie qui lisent des livres écrits dans l'une ou l'autre de ces deux langues? Il n'y a que les moines qui surmontent aisément l'obstacle des frais: il leur est facile de trouver quelque bienfaiteur qui les paye pour eux; d'ailleurs ils ont toujours des partisants soit dans les différents couvents, soit chez les particuliers, qui leur font débiter leurs livres avec profit. Le pere Benoit *Bonelli*, Franciscain de l'espèce puante à Trente, a imaginé un moyen bien plus efficace: ce moine a publié différents ouvrages qui lui ont donné du crédit dans sa patrie, pays où vont couler toutes les sottises de l'Italie, & toutes celles de l'Allemagne: mais ils n'ont pas eu le moindre débit: après cela, il s'est mis dans la tête de donner une nouvelle édition des ouvrages de St. Bonaventure, avec des prolégomènes & des notes critiques de sa façon: ce saint est de son ordre; & les Franciscains l'ont fait passer longtems pour une espèce de pere de l'Eglise; mais comme il prévoyoit que, dans ce siécle d'incrédulité, cette édition pourroit bien n'être pas fort réchérchée, & que par-conséquent il ne trouveroit ni libraire, ni bienfaiteur qui voulut se charger d'une si grande dépense, puisqu'il s'agit de plusieurs volumes in quarto, il trouva le moyen de se procurer un ordre du Général à tous les couvents de sa dépendance, de prendre un exemplaire de cette nouvelle édition: de plus il obtint une Bulle du Pape *Rezzonico*, qui étoit l'homme du monde le plus promt à donner des Bulles, pour exhorter tous les couvents des autres ordres Religieux à se procurer cet ouvrage; mais il paroit que l'esprit d'avarice a plus de puissance sur les moines que tous les ordres de leurs généraux & toutes les Bulles des papes; puisqu'ils s'empressent si peu à faire cette emplette, que l'impression traîne déja depuis plusieurs années, & que le libraire, qui s'en étoit d'abord chargé, n'a pas voulu la continuer. Il y a quelque tems que je fus en Hollande chez un particulier qui a une bibliothéque choisie de tous les mauvais livres qu'il a pu ramasser: lorsqu'il me la fit voir, je le priai de me montrer d'entre ces mauvais livres, celui qu'il croyoit le plus mauvais: il me présenta tout de suite, les œuvres de St. Bonavanture: les titres des différents traités de ce St. Docteur paroissoient bien justifier le sentiment de ce monsieur: Cependant en feuilletant j'y ai trouvé un passage qui m'empêcha d'être du même avis: le saint y adresse la parole à ses freres; & il leur fait des reproches très charitables, mais aussi très vifs sur leur conduite & sur leur avarice. " nous " entrons, leur dit-il avec tant d'inso- " lence dans toutes les maisons; & nous " insultons si effrontément tous les pas- " sans pour leur extorquer la charité, " que les gens du monde ne nous " craignent pas moins que les voleurs " de grands chemins." Je ne me souviens pas précisément de l'endroit où ce passage se trouve; mais vous pouvez compter qu'il y est. D'ailleurs on le trouve extrait dans quantité de livres d'hiftoire eccléfiaftique & fur tout dans ceux qui ont été écrits, dans ces derniers tems, contre les moines. Cette ingenuité de St. Bonaventure mérite bien qu'on ne mette pas fes ouvrages à la tête des plus mauvais: auffi ce monfieur m'avoua-t-il lui avoir fait tort; & il le plaça, dés lors, dans un endroit plus honorable; & je crois à côté de St. Antonin, qui vaut bien S. Bonaventure.

Malgré les obftacles dont je vous ai parlé plus haut, l'Italie eft toute inondée de livres de tous les genres & de toutes les efpèces. Cette contrée a un avantage fur les autres païs qui n'ont qu'une ville capitale. Dans ces païs la métropole décide du choix des fciences & de la façon de penfer: elle entraîne les fujets de tout l'état à s'adonner aux mêmes fciences, & à penfer de la même maniére qu'elle. Mais comme l'Italie eft partagée en plufieurs états, elle a auffi plufieurs métropoles. Ainfi la maniére de penfer, les choix & les goûts dans les fciences & dans les arts font plus variés. Cette variété en entraîne encore une autre, qui eft que la même métropole quitte souvent ses anciens goûts & ses anciennes manieres de penser & d'étudier, pour en prendre de nouveaux. La première fois que je vins en Italie, les imprimeries de Rome & de Venise étoient toutes occupées à mettre au jour des livres pour & contre le probabilisme, pour & contre l'usage du chocolat aux jours de jeune, pour & contre la coutume où étoient les religieuses de se laisser toucher la gorge par les hommes, qui venoient les visiter à la grille de leur parloir. Les jésuites & leurs partisants soutenoient que celui qui agit selon une opinion probable, quoiqu'il y ait une opinion toute contraire qui lui paroit infiniment plus probable, ne péche point: les Dominicains & leurs adhérans prétendent au contraire qu'il faut, sous peine de péché mortel, s'en tenir à l'opinion plus probable & agir en conséquence: ils crioient au scandale & à l'hérésie contre les jésuites: & ils leur réprochoient qu'ils avoient crée des opinions probables pour justifier tous les crimes en faveur de leurs pénitens. De même les jésuites & bien d'autres honnêtes gens enseignoient que le chocolat n'est pas contraire au jeune. Le pere *Concina*, célèbre dominicain, fit voir au contraire dans un ouvrage in 4º. intitulé, la *quaresima appellante* que le chocolat est une boisson trop nourrissante pour en pouvoir faire usage les jours de jeune; & le pere *Concina* qui a écrit en outre dix gros volumes contre le probabilisme, buvoit lui-même le chocolat tous les jours de l'année. Le pere *Benzi* jésuite & confesseur d'un couvent de religieuses à Venise, écrivit un livre pour faire voir que si les religieuses permettoient aux hommes de leur toucher la gorge, elles ne faisoient pas mal. Tous les autres moines traiterent le pere *Benzi* de cochon. Le pape même s'en mêla; & il proscrivit l'opinion de cet honnête jésuite; mais les jésuites, qui faisoient ferment d'obéir aveuglément au pape, disoient hautement que le pape avoit tort, comme ils l'ont toujours fait, quand les papes ont voulu les faire obéir malgré eux; & ils ont continué à permettre que l'on touchât la gorge des religieuses & des femmes. Tandis que l'on difputoit ainfi à Rome & à Venife, *Cocchi* de Florence écrivoit fur la falubrité du régime Pithagoricien ; & les académiciens de la *Crufca* publioient des differtations pour favoir s'il falloit écrire *per il che* ou *per loche*, *imperciocchi conciossiacosache* ou *conciossiache* &c. A Milan au contraire on compofoit une feuille périodique intitulée le Caffé, où l'on fe mocquoit des académiciens de la *Crufca* de Florence, & où l'on établiffoit de plus des maximes qui conduifoient à fe mocquer auffi des difputes de moines. A Naples on écrivoit fur les antiquités d'*Herculanum*, & on faifoit en même tems imprimer des mémoires & des confultations contre la cour de Rome, contre les moines & contre leurs ufurpations. A Modène le favant *Muratori* s'efforçoit d'éclairer les Italiens par de beaux livres fur toutes fortes de matieres intéreffantes. A Verone & à Rovereto, on difputoit s'il y avoit des magiciens & point de forciéres, ou s'il n'y avoit ni forciéres ni magiciens. A Trente on fe débattoit fortement pour favoir, fi St. Adalbert ou *Adalprete*, ancien évêque de cette ville, étoit en paradis ou en enfer, & s'il étoit mort en martir ou en soldat. Les médecins & les théologiens de la Lombardie avoient une question particuliere entre eux: ils disputoient tout de bon, si une certaine fille de Crémone étoit possédée par les démons ou non. Le chanoine *Cadonici* étoit pour les démons: par conséquent il étoit à la tête des théologiens: la plupart des médecins au contraire ne reconnoissoient dans toutes ces diableries, que des effets hiftériques: les mêmes théologiens étoient aussi en dispute avec les jurisconsultes Lombards au sujet de l'intérêt de l'argent: ces théologiens prétendoient qu'on ne peut exiger aucun intérêt pour l'argent que l'un prête à un autre, pas même l'un pour cent pour une somme qui feroit gagner à l'emprunteur trente & plus pour cent: ils donnoient à tous les diables le prêteur, l'emprunteur & les juges qui approuvoient de pareils contracts Cependant les procureurs des couvents, qui quoique moines eux-mêmes, sont censés avoir oublié leur théologie, donnoient l'argent à un intérêt de six & sept pour cent, comme ils l'ont toujours fait: les moines mendiants qui font les confesseurs nés des religieuses de St. Claire, écrivoient avec fureur contre l'intérêt de l'argent; mais en même tems ils avertissoient leurs pénitentes de se bien garder de donner leur argent à moins de sept pour cent; car plus les religieuses sont riches, plus elles sont en état de donner à leurs confesseurs des tourtes, des bonbons, des chapelets, des livres & d'autres pareilles bagatelles qui, pour les couvents riches vont à cent louis d'or par an pour chacun de ces confesseurs mendiants.

Quand je fis mon second voyage en Italie, je trouvai que le goût dominant étoit d'écrire contre la cour de Rome, contre les moines & contre les richesses du clergé. Le pape *Rezzonico* avoit irrité par sa folle conduite & par son attachement aveugle aux jésuites, les plus grands princes des états catholiques: cela enhardit les Italiens à écrire avec liberté: la cour de Naples, la République de Venise & le ministere de Parme encourageoient ouvertement ces écrivains. A Naples, le marquis *Spiriti*, l'avocat Etienne *Patrizi*, l'abbé *Serao* se signaloient par leurs écrits contre la cour de Rome & contre les désordres & l'avarice des moines. l'Abbé Antoine *Genovesi* y faisoit encore plus : il publioit des ouvrages propres à ouvrir les yeux aux Italiens sur tous les préjugés qui gâtent leur esprit & dégradent leur état naturel & politique, qui empêchent qu'ils ne fissent des progrès dans les sciences, les arts & le commerce, & qui dépravent leurs mœurs. A Venise, l'Abbé *Montanaro* reveilloit les principes de *Fra-Paolo*, & faisoit voir qu'on devoit accorder le mariage aux prêtres. Le pere *Contini*, Théatin pestoit contre les bulles des papes, & montroit leurs usurpations. A Trente un anonyme publioit des réflexions sur toute la hierarchie ecclesiastique, depuis le pape jusqu'aux freres muletiers des Franciscains; il faisoit voir en détail les maux que chaque état, chaque ordre & chaque profession ecclésiastique avoient faits à l'église & à la société, depuis l'établissement du christianisme jusqu'à son tems, & proposoit des moyens de réformer ces desordres. A Milaü, des personnes de naissance & de considération faisoient encore mieux : elles proposoient à la cour des réformes, dans des mémoires qu'elles lui faisoient parvenir & en obtenoient quelquefois l'agrément pour en faire exécuter quelques unes. La cour de Rome crioit, menaçoit, fulminoit : elle persécutoit les uns, décrioit les autres ; & elle chargea le pere *Mamachi* Dominicain, & le pere Zaccharia jésuite de les calomnier tous, commission dont ces deux révérends peres s'acquitterent admirablement.

A mon troisième voyage en Italie, je trouvai ce païs fort tranquille : la mort du pape *Rezzonico* & l'élection du pape Ganganelli avoient raccommodé les princes mécontents avec la cour de Rome ; & les Italiens n'osoient plus écrire sur ces matieres.

Durant toutes ces disputes & ces brouilleries, il y a toujours eu beaucoup d'écrivains qui ont préféré & la tranquillité & l'indifférence. C'étoient d'autres jurisconsultes & d'autres théologiens, des philosophes, des physiciens, des mathématiciens, des poëtes, des médecins, des historiens, des antiquaires, des littérateurs. l'Italie a donc été remplie de livres sur toutes les sciences ; mais ce qui a paru de bon, se reduit à fort peu de chose. l'Abbé Antoine *Muratori* a publié des ouvrages d'un grand mérite : il a attaqué bien des préjugés dans son traité, *del buon gusto*, & dans son livre, *de la regolata devozione*. Les moines qui sont les ennemis naturels des lumiéres de la raison & de la bonne religion, lui ont fait une guerre affreuse au sujet de ce dernier livre : sans la protection de Benoit XIV, il auroit été déclaré hérétique, & sa mémoire auroit été flétrie à jamais chez les bons catholiques Romains. Cependant les ouvrages les plus importants de ce savant sont ses Annales d'Italie, & sa collection intitulée, *scriptores rerum italicarum*. Le marquis Scipion *Maffei* de Verone étoit l'émule de *Muratori* : il envioit à ce grand homme la gloire qu'il ne cherchoit pas, d'être universel : c'est ce qui le porta à écrire sur la *Grace*, sur l'intérêt de l'argent, sur la magie ; à faire des vers ; à composer une tragédie ; à amasser d'anciennes inscriptions; & à mettre au jour de gros ouvrages sur les antiquités où il réussit le mieux: *Giannone*, avocat de Naples, sans être aussi érudit & aussi universel que *Muratori* & *Maffei*, est auteur d'un ouvrage d'une plus grande importance pour les Italiens que ceux de ces deux savants: c'est son histoire du Royaume de Naples: c'est un historien, un politique & un jurisconsulte éclairé, qui découvre avec sagacité, les intrigues de la cour de Rome, la méchanceté du clergé, les défauts des loix, les sottises, les vices & les vertus des princes. l'Abbé Antoine *Genovesi*, autre Napolitain, a publié des livres sur la logique, la métaphisique & sur l'économie publique. Ses compatriotes en ont beaucoup profité: ils en tirent des lumières qui couleront tôt ou tard à fond le vaisseau de St. Pierre. Les régles de critique que cet abbé a établies dans sa logique, & les doutes qu'il a répandus sur toute la métaphysique, portent indirectement des coups mortels à l'imposture. Ceux qui sont les plus près du monstre, sont naturellement les premiers à l'assommer, dès qu'ils le reconnoissent: Vous connoissez le mérite de l'abbé *Métastase* dans la poësie, celui d'Algarotti dans les belles lettres; de *Goldoni* & du comte Charles Gozzi dans la comédie: voila à mon avis, tous les grands noms de l'Italie dont on a des ouvrages importans.

Les savants modernes de Florence, de Pise, de Bologne, n'ont pas encore publié des ouvrages qu'on puisse regarder comme originaux ou d'une grande importance. Le pere *Boschovitz* étant Ragusien, ne peut pas être mis au nombre des Italiens. l'Italie compte le feu pape Benoit XIV, parmi les plus grands savants de ce siécle: je veux bien croire qu'il fut savant; mais il est ici uniquement question de ceux qui ont mis au jour des ouvrages propres à réformer le goût & la maniere de penser des Italiens, & à étendre considérablement les lumiéres dans les sciences; or le livre *de Canonisatione sanctorum* qui est l'ouvrage le plus estimé de ce pape, ne vaut pas à mon avis les comédies de *Goldoni*. *Lami* jouissoit aussi d'une grande réputation, parcequ'il a publié un ouvrage de l'érudition des apôtres, que personne n'a connue ni avant ni après lui, & parcequ'il composoit des gazettes littéraires, où il disoit du bien de tous ceux qui alloient boire avec lui & de tous ceux qui le payoient, comme font presque tous les savants gazetiers depuis quelque tems.

Quand j'étois à Naples, l'abbé *Martorelli* que je voyois au caffé, me disoit souvent que l'avocat *Mattei* étoit l'homme le plus savant & le poëte le plus mélodieux de toute l'Italie, après *Metastase* pourtant. En récompense l'avocat *Mattei* m'assuroit que le plus grand savant de toute l'Italie, étoit l'abbé *Martorelli*, lui-même : cela m'a engagé à lire leurs ouvrages : j'ai commencé par un livre latin de l'abbé *Martorelli*, qui est un gros in 4°. intitulé *de Theca Calamaria*, savoir d'une écritoire ancienne du cabinet de Portici : j'ai beaucoup lu sans apprendre de quoi il s'agissoit : l'auteur se perd dans les antiquités, & ne vient jamais au fait : il y parle continuellement de choses étrangères à sa matiere : cela m'a fait perdre patience : j'ai quitté la lecture & j'ai demandé à l'auteur même le sujet de son ouvrage ; mais il m'a dit pour toute réponse que le sujet se trouve à la fin de sa dissertation ; mais cette dissertation étoit trop mal écrite, trop chargée de pédanterie, pour que je puisse gagner sur moi d'en continuer la lecture.

Après cela, j'ai voulu voir l'ouvrage de l'avocat *Mattei* : c'est une traduction des pseaumes de David dans la poësie de Métastase, avec des notes & des dissertations : l'auteur a mandié les suffrages des plus grands érudits & des meilleurs poëtes de l'Italie qui lui ont écrit des lettres bien flatteuses, en lui faisant, à la façon des Italiens, beaucoup de compliments sur sa divine poësie & sur sa profonde érudition. Métastase lui-même est de ce nombre ; mais cela n'a pas empêché l'ingenieux abbé *Galiani* de faire rire le public dans un opéra bouffon, aux dépens de la doctrine & de la poësie de M. *Mattei*, qui ne méritoit pas mieux : car cette traduction est au fond une véritable parodie, où le grand roi des juifs fait, quoique certainement contre l'intention du traducteur, la plus drole figure du monde. M. *Mattei* déclare souvent dans les notes, que l'abbé *Martorelli* lui a fourni des lumieres importantes sur des difficultés des langues hebraique & grecque, ce qui m'a fait comprendre la raison des éloges qu'ils ont fait l'un de l'autre.

Il n'y a rien de plus pédant, de plus ennuyeux, ni de plus fou, que les ouvrages des antiquaires Italiens: ils débitent les plus grandes absurdités avec l'assurance des géomètres: ils font des dissertations immenses sur les plus petites bagatelles; & avant d'en venir à ce qui fait le sujet de leurs ouvrages, ils vous promenent sur mille choses étrangeres à ce sujet. On m'a dit que l'abbé *Martorelli* travaille maintenant à l'histoire de Naples, & qu'il la commence dès la naissance d'Adam: ce même abbé est tout infatué des Grecs, & ne peut souffrir les Latins: Homère est son poëte, & Virgile n'est pour lui qu'un faquin: il se déclare ennemi de tous ceux qui trouvent des beautés dans le poëte latin: c'est ainsi que sont bâtis presque tous ces antiquaires d'Italie: j'en connois cependant de ceux qui ont bien du merite & bien du bon sens; mais ils sont très-rares.

On vante beaucoup dans les païs étrangers les traductions que les Italiens ont faites des anciens auteurs grecs & latins; mais les Italiens eux mêmes, font bien éloignés de les vanter: ils trouvent dans toutes ces traductions de très grands défauts. Pour moi, je n'ai presque lu que la traduction de Thucidide, faite par *Strozzi*, qui m'auroit fait avoir en aversion cet historien si estimable, si je ne l'avois pas lu auparavant dans l'original. Qui veut se faire une idée du tort qu'un traducteur peut faire à son original, n'a, à mon avis, qu'à lire cette traduction Italienne de Thucidide & la traduction françaife de Suétone par Mr. de la Harpe. J'ai lu quelque part dans *Apostolo Zeno*, qui étoit certainement un juge compétent, que la traduction Italienne de Tite Live par Nardi étoit très bonne; mais qu'elle n'étoit pas estimée parce que les Académiciens de la *Crufca* n'en avoient fait aucun ufage dans la compofition de leur vocabulaire. Ces Académiciens font de terribles corrupteurs du bon goût: je ne leur pardonnerai jamais leur *profa Fiorentine*. *Davanzati*, qui étoit lui-même académicien de la *Crusca*, a traduit Tacite; mais tous les hommes de lettres m'ont assuré que pour entendre le traducteur, il faut souvent recourir à l'original. Je ne me suis pas trouvé dans cette nécessité, lorsque j'ai lu la traduction de cet historien par *Gregorio Dati*, qui m'a paru très bonne à quelques choses près; mais les Académiciens de la *Crusca* ne l'estiment pas: elle tient trop de la noblesse & de la gravité de l'original, pour qu'elle pût satisfaire le goût fade & léger de ces Académiciens.

Les Jurisconsultes & les théologiens d'Italie se mettent aussi au rang des savants: en effet ils jouent les uns & les autres par leurs écrits un trop grand rôle, pour ne pas être quelque chose eux-mêmes: les premiers composent des mémoires qui ruinent les familles, & les seconds des livres qui dérangent la cervelle des bonnes-gens. Les Jurisconsultes Italiens sont bien mauvais: ils ne raisonnent point: ils ne font que citer des passages d'autres Jurisconsultes, qui tiennent ou qui paroissent confirmer leurs sentimens: ils entassent de cette façon

façon autorités sur autorités; & ils se piquent sur tout d'alléguer quelque auteur qui parle, selon leur expression, in *terminis terminantibus*. Outre cela ils ont un stile barbare, soit qu'ils écrivent en latin ou en Italien: Le Cardinal *de Luca* est le seul Jurisconsulte praticien d'Italie qui ait publié des ouvrages de raisonnement; mais son stile est insupportable: les Italiens estiment beaucoup la collection des décisions de la Rote Romaine; mais ces décisions ne sont que des piéces chargées de citations, denuées de tout raisonnement & écrites d'un stile affreux. Les avocats Vénitiens n'écrivent pas beaucoup: ils aiment mieux reserver toutes les forces de leur esprit & de leur corps à déclamer dans les bareaux: cependant ils sont les plus desagréables & les plus impolis charlatans de tout l'univers: ils pleurent, ils rient, ils s'emportent, ils se tordent, ils se démènent comme des insensés dans toutes leurs déclamations; & qui fait le plus de ces singeries, est le plus habile. Les Napolitains déclament aussi, mais avec un peu moins d'indécence & disent moins de sottises:

L

Il y en a même à qui l'on n'a rien à reprocher à cet égard: Don *Pepe Cirillo* ou *Gioseppe Cirillo* surtout se comporte très bien; & je l'ai souvent entendu déclamer avec plaisir: c'est aussi l'unique avocat d'Italie dont j'ai vu des mémoires raisonnés & bien écrits: s'il y en a d'autres, je ne les connois point. Il y a quantité d'autres avocats Napolitains qui raisonnent bien; mais ils écrivent mal: & il n'y a que M. *Cirillo* qui réunisse ces deux qualités: les avocats des autres provinces d'Italie, ne savent ni raisonner, ni écrire: toute leur étude consiste à chercher depuis le matin jusqu'au soir des auteurs qu'ils puissent alléguer en faveur des causes sur lesquelles ils doivent écrire. Les avocats de Rome & de Milan sont, à mon avis, les plus mauvais de toute l'Italie, après les Vénitiens. Il est inconcevable que des hommes puissent être aussi bêtes, que ces gens se manifestent par leurs mémoires & par leurs consultations.

Les théologiens ne sont pas à beaucoup près aussi bêtes que les Jurisconsultes: car s'ils ont imaginé tant de faux miracles; s'ils ont mis au jour tant de fausses légendes de la plus grande absurdité; s'ils ont creé tant de faux saints qui deshonorent notre religion, il ne faut pas croire que cela se soit fait par bêtise: c'est la fourberie toute pure qui a imaginé toutes ces monstruosités, qui feront un jour douter la posterité si nous autres Catholiques étions de véritables hommes, ou plutôt une espèce mitoyenne entre les hommes & les bêtes: il y aura sans doute sur cela de grandes disputes dans les écoles & entre les savants des siécles futurs. D'ailleurs il y a en Italie des Théologiens qui ont l'esprit cultivé, qui s'expriment & écrivent avec netteté, quelquefois même avec élégance, & qui ont au moins le sens commun, autant qu'il est possible de l'avoir dans une science qui s'éloigne si fort de la simplicité de l'évangile, qui devroit faire toute la théologie des Chrétiens; aulieu que les Jurisconsultes d'Italie n'ont aucune culture imaginable, ignorent toutes les règles de la Grammaire & manquent entierement de sens commun, excepté un petit nombre de ceux du Royaume de Naples & de Sicile.

L'Italie abonde surtout en médecins & en poëtes: Il n'y a presque point de bourg un peu confidérable qui n'ait fon médecin. Il n'y a aucune belle qui n'ait fes poëtes: les jolis petits chiens ont auffi les leurs. L'Académie des Arcades de Rome eft la plus abondante pépiniere de cette forte de fous: elle a des colons depuis le cap *Paffaro* jufqu'à Trente.

Comme je vous ai marqué plus haut, qu'en Italie les gouts & la maniere de penfer dans les fciences varient felon la différence des contrées, je veux bien vous communiquer les obfervations que j'ai faites à cet égard dans chacune de ces contrées. Les Florentins furpaffent tous les autres peuples de l'Italie en politeffe, en fineffe & en perfpicacité. Ce caractere, commun à toute la nation d'un bout à l'autre de la Toscane, fe fait fur tout remarquer dans les écrits de leurs gens de Lettres & de leurs favants: il n'y a aucun ouvrage Italien où la folidité, la pénétration, le bon goût se trouvent unis à la beauté & à l'élégance du stile, comme dans les œuvres de *Galilei*, de *Magalotti*, de *Redi*, de Machiavel & de Guichardin, qui sont tous Florentins; mais d'un autre côté, il n'y a rien de plus frivole qu'un Florentin, quand il s'abandonne tout entier à l'étude & à la culture de sa langue: pour lors il abuse de ses talens naturels pour courir après les puérilités les plus extraordinaires; les *prose Fiorentine* & les sermons du *P. Segneri* sont des modeles de ce que l'on peut dire de plus fade & de plus absurde dans un joli stile: j'aimerois mieux perdre une heure à entendre les sottises qu'un Lazzaron de Naples profère dans son jargon barbare, que de lire une page des sermons de ce *P. Segneri* ou une *cicalata* d'un académicien de la Crusca: je vous dirai ici en passant, que ce *P. Segneri* passe pour le meilleur prédicateur que l'Italie ait jamais produit, & que la plus grande étude des prédicateurs modernes de ce pays, c'est de tâcher de l'imiter: d'où vous pouvez juger comment on prêche dans toute l'Italie. Cependant le mérite d'avoir fait renaître en Europe toutes les sciences & tous les arts, est bien propre à effacer entièrement dans les Florentins, la tache que leur impriment les auteurs des *proſe Florentine*.

Les Bolonois, voisins des Florentins, les suivent de près dans la culture des sciences : ils se sont surtout rendus célèbres dans la physique & dans les mathématiques. Leurs proses ne valent pas celles des Toscans : mais aussi ne sont-ils pas obligés de rougir pour des auteurs aussi frivoles, que le sont une quantité de Florentins. Autrefois Bologne étoit fameuse pour la Jurisprudence ; mais c'est une chose, pour laquelle elle auroit plutôt mérité d'être décriée : car le Digeste que l'on a commencé à y expliquer pour la première fois, & les Commentaires que les Jurisconsultes de Bologne & leurs disciples y ont ajoutés, ont gâté toutes les notions de la justice chez tous les peuples de l'Europe ; & cela durera toujours jusqu'à ce que les grands princes, qui font tant de guerres pour le bien de leurs sujets, entreprendront, pour un plus grand bien des mêmes sujets, de faire composer, chacun pour ses états, de nouveaux codes de loix, par des gens qui n'ayent pas la cervelle gâtée par la Jurisprudence qui est venue de Bologne. *Aldrovande* étoit bien un autre homme que ce fou de *Wernerius* ou *Irnerius* auquel le mot *d'as* a fait tomber dans l'esprit, au rapport du Cardinal *Hostiensis*, de se mettre à expliquer le Digeste, dont tout le monde ignoroit alors l'existence. Cependant *Aldrovande* avec tout son savoir immense n'a pu faire d'autre bien, que de donner aux Bolonois le goût de la physique & de l'histoire naturelle, au lieu qu'*Irnerius* avec sa bêtise a corrompu toute l'Europe. J'ai dit que les Bolonois n'écrivent pas si bien que les Florentins: il faut cependant que je fasse une exception en faveur de *Zanotti* & du révérend pere *Corticelli*. Le premier est un bel esprit qui me paroit avoir un stile très beau & très élégant. Le second au contraire, est un de ces jolis écrivains de frivolités qui peut aller de pair avec les auteurs des *prose Fiorentine:* aussi l'Académie de la *Crus-*

ea n'a pas manqué de le mettre au nombre de ses membres. Le petit état de Modène a profité du voisinage de Bologne. Il y a eu de tout tems des savants de mérite. L'Historien Sigonius & le Cardinal Sadolet étoient Modénois. Ce peuple se vante aussi d'avoir eu *Castelvetro* & *Tassoni* : passe pour *Tassoni*; mais *Castelvetro* étoit un méchant & détestable pédant. De tous les savants qu'a produit Modène, il n'y en a aucun que l'on puisse comparer au célèbre *Muratori*, que j'ai encore eu le plaisir de voir avant sa mort dans le premier voyage que j'ai fait en Italie. Il a rendu de grands services aux Italiens par ses annales de l'Italie, où il leur a fait voir, quoique derriere une espèce de voile, les usurpations de la cour de Rome, les fraudes, les violences & les méchantes mœurs des papes qui ont regné dans les siécles barbares; par ses livres sur le bon goût, où il a montré à ses compatriotes, combien la plus grande partie d'entre eux étoient éloignés du bon goût dans toutes les sciences; & par son livre de la *Regolata Devozione*, où il a attaqué les préjugés les plus grossiers qui infectent la Religion des Italiens: mais les Jésuites ont pris le parti de la superstition & attaqué à leur tour furieusement le pauvre *Muratori* ce qui fait que sa mémoire est encore en exécration chez la plupart des moines.

Ferrare a été pendant un tems la mère & l'asile de beaucoup de savants de mérite; mais dès qu'elle est tombée sous la puissance des papes, elle est devenue aussi barbare que le sont actuellement, à l'exception de Bologne, toutes les villes soumises au St. Siége, y compris la grande & superbe ville de Rome.

Les savants naturels de Rome imitent les bêtes immondes: ils courent après les ordures: leurs sciences favorites sont la jurisprudence & la théologie; & ils puisent l'une & l'autre aux sources les plus sales: tout est vilain & affreux chez eux, matieres, sentimens, expressions, stile, goût. d'ailleurs tout ce qu'il y a de plus fanatique, de plus rempli de préjugés, de plus impudent dans tous les couvents du monde, accourt à Rome dans l'espoir d'y faire fortune. C'est ainsi que le pere *Mamachi* Dominicain & le pere *Zac-*

cheria jésuite sont venus à Rome, le premier de la Grèce & le second de Bassano, petite ville de l'état Vénitien où l'on dit que son pere étoit le premier des Sbirres, y vendre leurs talents à la cour pour attaquer de la maniere la plus infame & la plus brutale les vérités les plus incontestables, & les gens les plus honnêtes.

Il y a à Rome quantité de personnes qui savent l'histoire ecclesiastique & le droit canon par cœur, qui ont quelque connoissance des langues savantes, quelque teinture des belles lettres: ceux-ci passent ici pour les premiers savants du monde; mais soit que le raisonnement n'accompagne pas leur mémoire; soit que le préjugé les guide partout; soit qu'ils ne puisent qu'à de mauvaises sources; soit qu'ils connoissent la vérité & qu'ils se la cachent malicieusement à eux-mêmes & aux autres, il est constant que toute leur science n'est qu'un amas d'erreurs, de superstitions, de faux principes & de faux raisonnements. Je sais bien que c'est là la doctrine qu'il faut dans cette ville; mais cela ne doit pas m'empêcher de dire que les savants de

Rome font des gens que tout le monde devroit avoir en averſion. Parmi les étrangers qui demeurent dans cette ville, il y a beaucoup de gens ſenſés & éclairés; mais il faut reſter ici long tems & être bien connu pour un honnête homme, pour les faire parler comme ils penſent: car quoique l'Inquiſition de cette ville ſoit moins cruelle que celle de tous les autres païs, on n'aime pourtant pas courir le risque de s'attirer une correction.

l'Etat de Veniſe avoit, il n'y a pas long tems, de grands hommes en différentes ſciences, en médecine, en anatomie, en botanique, dans les mathématiques dans les antiquités, dans l'hiſtoire, dans les belles lettres: les *Poleni*, les *Morgagni*, les *Pontadera*, les *Maffei*, les *Checbozzi*, les *Facciolati*, les *Algarotti* & quelques autres ſont connus de tout le monde ſavant. Mais dès que des moines & des prêtres fanatiques, comme le pere *Concina* & le P. *Patuzzi* Dominicains, le P. *Benzi* jéſuite, les abbés Ballerini & d'autres pareils ſous ont commencé à faire leurs tapages horribles pour le probabilisme, pour les forciéres, pour l'intérêt de cinq pour cent, pour les mamelles des religieuses, pour une taffe de chocolat, aux jours de jeune, ces grands hommes ont cédé la place aux fous; & ils ont disparu du théatre des favants, & peu-à-peu de celui du monde.

Je ne vous dis rien des Napolitains, parceque je vous en ai déja affez parlé plus haut : j'ajouterai feulement que les Siciliens cultivent beaucoup plus les lettres que leurs voifins les Napolitains. Mais l'inquifition qui n'a jamais pu s'établir à Naples & qui, au contraire domine en Sicile, force les Siciliens à fe repaître eux mêmes de leurs connoiffances & à ne rien repandre en public, que des fonnets pour leurs belles & des differtations fur les antiquités de leur païs.

LETTRE ONZIEME.

Venise le 16 Janvier 1776.

Tribunal des Inquisiteurs d'état à Venise. Sbirres & espions de la police. Méchanceté & libertinage des moines. Conduite des religieuses. Inquisition ecclésiastique. Liberté de l'Eglise Vénitienne. Luxe des Vénitiens: leur façon de vivre à la campagne. Maisons de plaisance. Histoire du prevôt de Solisoli dans le Bergamasque. Avocats: Impots: Revenus de l'état. Marine: Troupes de terre; lâcheté & mauvaise discipline de ces troupes. Voisins dangereux. Les nobles Vénitiens peuvent posséder des fiefs dans les états des puissances étrangeres, mais il ne leur est pas permis d'y exercer aucun emploi. Ecclésiastiques exclus de tout emploi civil. Administration de la justice dans la Terre ferme. Excursion de l'auteur dans le Milanois: dégradation de ce pays après l'établissement des fermes. Population actuelle des villes de Milan & de Mantoue comparée avec celle des temps passé. Riches couvents de ces deux provinces. Manuscrit de Vinci. Noblesse Milanoise.

Vous souhaitez, mon cher, que je vous envoye une description exacte & détaillée du fameux tribunal de cette République, qui est appellé l'Inquisition d'Etat; mais il n'est pas possible de satisfaire votre curiosité à cet égard: on ne connoît ce tribunal, qui est composé seulement de trois nobles Vénitiens, tirés du conseil des Dix, que par la terreur qu'il inspire par des actes épouvantables de justice & de sévérité. On a vu disparoître tout-à-coup des personnes de toutes les conditions, sans qu'on ait pu savoir ni leur crime ni leur fin: des parents, des amis de ceux qui ont été enlevés de cette sorte, ayant voulu s'intéresser pour eux & faire voir leur innocence, ont subi le même sort: d'autres qui se tenoient tranquilles, furent tout-à-coup appellés à la chambre de ce tribunal, où on leur fit voir leurs amis &

leurs parents étranglés sans mot dire. Le prédécesseur de l'évêque actuel de Feltre, ayant commis une sottise qui ne vaut pas la peine d'être rapportée, fut appellé à Venise: les inquisiteurs le firent venir au Palais plus de deux mois de suite, sans jamais l'admettre à leur audience; & puis l'ayant fait venir tout de bon devant leur tribunal, ils ne lui dirent que quelques mots qui lui donnerent une si grande frayeur, qu'il en sortit avec la fievre, & qu'il quitta incontinent l'état de Venise & l'évêché pour se retirer à Rome. Lorsque l'empereur actuellement regnant vint ici pour la premiere fois, le sénat lui donna une fête dans la place de St. Marc, où l'on avoit dressé des échaffauts pour que le public pût s'y trouver: la foule étoit immense: un valet des inquisiteurs d'état qu'on appelle *Fante*, fit trois fois le tour des échaffauts sans dire un seul mot à personne: cela produisit aussitôt dans toute cette multitude un silence si universel & si profond, qu'on auroit pu entendre le bourdonnement d'une mouche.

Tout est soumis à ce terrible tribunal, les séculiers & le clergé de tous les états, sujets & étrangers, sans aucun égard pour le rang ou pour la naissance. Le doge lui-même est sujet à sa jurisdiction comme le moindre des sujets de la République. Les inquisiteurs ont les clefs du palais & de tous les appartements du doge; & ils peuvent y entrer, quand il leur plaît, de jour & de nuit; en sa présence ou en son absence.

Toutes les dénonciations sont reçues, les publiques & les secrettes, de toutes les personnes de tout âge & de tout sexe: & on n'a aucun exemple qu'un délateur ait été puni pour une fausse accusation: les dénonciations secrettes se font par les musles ou gueules de lion qui sont çà & là sous le portique intérieur & en divers endroits des galleries du palais de St. Marc. Les inquisiteurs ont les clefs de ces boëtes, & ils profitent des avis qu'ils y trouvent selon qu'ils le jugent à propos. Les délateurs qui veulent en être récompensés, gardent un morceau déchiré du papier qu'ils ont mis dans la boëte & le présentent ensuite au sécretaire de l'inquisition.

Quand je vins ici la précédente fois, j'accompagnai un soir un ami chez lui. A peine eumes-nous mis le pied dans sa chambre, que nous entendimes frapper à la porte: on ouvrit & il entra un de ces valets des inquisiteurs, qu'on appelle *Fante*, qui demanda à mon ami son nom: après qu'il le lui eut dit, le *Fante* lui signifia de faire son bagage & de le suivre: l'ami vouloit savoir où il le meneroit, & demandoit à voir l'ordre des inquisiteurs par écrit; mais le *Fante* lui imposa silence; dès que le bagage fut fait, quatros sbirres armés entrorent & l'emporterent: l'ami fut obligé de les suivre: il vouloit me dire quelques mots & prendre congé de moi; mais on lui imposa encore silence: cet accident me fit quitter la ville dès le lendemain: je me rendis à *Ferrare*, là j'ai retrouvé mon ami qui me raconta que le *Fante* l'avoit fait monter le même soir sur un de ces vaisseaux qu'on appelle *peote*, que six sbirres armés y monterent avec lui, & qu'après deux nuits & un jour de voyage sur le Pô, on l'avoit débarqué au pont de *Lago sauro* près de Ferrare, où le *Fante* lui dit, de la part des inquisiteurs, de ne plus remettre le pied dans l'état de Venise sous peine de la vie: il y avoit dans le vaisseau un lit, des vins, du chocolat, du poisson pour le service de mon ami, qui ne s'en servit point; mais ce qu'il y a de plus étrange dans ce procédé, c'est que le *Fante* ne lui a pas dit la raison de ce bannissement & qu'il ne sauroit la deviner lui-même, étant bien sûr de s'être conduit à Venise comme un étranger doit s'y comporter. Quel despotisme! on effraye & on bannit un honnête étranger sans le voir, sans lui faire son procès, sans lui faire savoir son crime; & on confie toute l'exécution à un misérable qui peut abuser de son emploi, altérer la durée du bannissement à sa fantaisie, & qui peut être gagné par quelqu'un pour jouer un mauvais tour à qui que ce soit, puisqu'il n'est obligé ni de prouver sa commission, ni de montrer les ordres qu'il a reçus.

Je connois un Grison qui s'étoit établi à Venise par inclination pour les femmes, qui dans sa patrie ne sont pas trop sociables, & où un homme qui fait l'amout passe pour le plus grand scélérat qu'il y ait au monde: ce Grison faisoit venir des païs étrangers toute sorte de livres, entre autres *la Pucelle d'Orleans*, la *Thérése Philosophe*, le *Portier des Chartreux* & d'autres pareils: il les lisoit & en faisoit une espèce de trafic: outre ces livres il en avoit une beaucoup plus grande quantité, pour la valeur d'environ cinq mille livres, qui ne traitoient que de choses honnêtes & utiles: on le laissa faire son commerce plusieurs années de suite: personne ne l'avertit jamais de ne pas faire venir, ni de débiter des ouvrages impudiques; mais un jour il se présenta tout d'un coup un *Fante* avec des Sbirres, qui lui fit enlever tous ses livres bons & mauvais, & lui dit de la part de leurs excellences les Inquisiteurs d'état, de sortir de Venise dans vingt quatre heures & de ne plus entrer dans l'état sous peine de la vie: c'est encore une autre exécution qui n'a été précédée d'aucun avertissement, comme il se fait en pareil cas par tout ailleurs; sans aucun ordre par écrit, de sorte qu'un particulier, un moine par exemple qui

auroit eu envie de ces livres, un librai‑
re envieux, un ennemi auroit pu lui
jouer ce tour, auſſi bien que leurs ex‑
cellences. Cette rigueur contre un pau‑
vre particulier pour des livres impudi‑
ques eſt bien déplacée dans une ville
comme Veniſe, qui eſt le véritable ſié‑
ge de l'impudicité & du libertinage;
où ceux qui font voeu de chaſteté ſont
généralement plus débauchés que ne
ſont ailleurs les libertins de profeſſion,
ſans que le gouvernement s'y oppoſe en
aucune façon.

J'oubliois de vous dire que mon ami
qui a été conduit par le *Faure* au pont
de *Lago oſcuro*, m'a raconté que les
ſbirres qui étoient avec lui dans le vaiſ‑
ſeau, parloient entre eux de quatre
autres étrangers qu'ils avoient con‑
duits de la même manière, l'un après
l'autre, un mois auparavant, de Veniſe
à Ferrare, dont deux étoient des ſeig‑
neurs d'une très grande naiſſance. J'ai
vu moi-même, dans ce tems-là un mar‑
quis flammand, qui fut enlevé par une
troupe de ſbirres en plein midi, du
caffé du *Baſtian* ſur la place de St. Marc,
& mis ſans autre forme de procès ſur

une *peste* qui le transporta également dans le Ferrarois.

Si tous les inquisiteurs d'état pensoient également, s'ils avoient tous les mêmes principes, si tous suivoient les mêmes maximes, on sauroit encore à quoi s'en tenir; mais les uns sont des bigots, les autres sans préjugés; quelques uns équitables, quelques autres tout portés à une sévérité outrée; les uns des personnes soupçonneuses pour qui toutes les bagatelles sont des choses de la plus grande importance; les autres des hommes habiles qui savent apprécier les choses à leur juste valeur & distinguer les personnes; les uns des amis & même des esclaves de la cour de Rome; les autres de ses adversaires; les uns des ignorants destitués du sens commun; les autres des gens qui connoissent le monde & les hommes: or chacun suit sa façon particuliere de penser & comme ils ne restent que fort peu de tems en place, tout le monde est tantôt en danger pour les choses de la moindre importance & tantôt en sureté pour des choses de la plus grande conséquence. Les Vénitiens qui ont appris cela par une continuelle expérience, favent auffi fe tenir fur leurs gardes: ils fe gênent en tout excepté fur l'article des femmes, où ils fe dédommagent amplement de la contrainte dans laquelle ils vivent à tous autres egards. Mais les étrangers ne font pas tous de ce gout; & à moins qu'ils n'ayent été long tems à Venife ils ne favent pas comment s'y conduire.

Il y a quelques années que les Inquifiteurs ont condamné à une prifon perpétuelle le Noble... qui étoit Avogador, qui eft une des principales charges de la République: Deux ans après d'autres inquifiteurs trouverent qu'on lui avoit fait injuftice: ils le mirent en liberté, & bientôt après le même noble fut fait fénateur. Cette févérité exceffive des premiers inquifiteurs choqua un fi grand nombre de nobles Vénitiens, qu'il fe forma une faction qui vouloit que le grand Confeil abolit à jamais cet épouvantable tribunal: la queftion fut agitée avec tant de véhémence, qu'elle occafionna entre les familles des nobles des difcordes qui durent encore, & qui avec le tems pourroient bien devenir funestes à la république. Les plus senfés & les plus puissants des nobles furent pour la conservation de ce tribunal: Ils alléguerent qu'il étoit nécessaire pour la fureté de la république; que sa chute entraîneroit infailliblement celle de l'état; & que s'il avoit donné des exemples de sévérité, il n'en avoit cependant donné aucun d'injuftice. Je ne doute pas que ce tribunal ne soit nécessaire pour contenir les nobles Vénitiens; & je crois volontiers que s'il étoit moins terrible, tant par rapport à sa maniere de procéder, qu'à l'égard des exécutions, les familles puissantes trouveroient bientôt le moyen d'éluder ses pourfuites & fa rigueur: il lui arriveroit fans doute ce qui est arrivé à Rome au tribunal des Censeurs, vers la fin de la république: la censure s'anéantit & la république avec elle, dès que les Censeurs furent obligés d'obferver certaines Loix & un certain ordre dans les procédures. Mais d'un autre côté il me paroit que cette rigueur est bien inutile à l'égard des personnes dont on n'a rien à craindre; envers les bourgeois, par exemple, envers la noblesse de Terre ferme, hormis les familles les plus puissantes, & surtout envers les étrangers; & dès qu'elle est inutile, elle est injuste. Si d'un côté il faut de la rigueur, de l'autre il faut de la prudence, de l'humanité & de l'équité: j'accorde qu'il ne faut pas soumettre les inquisiteurs à des loix; mais il me paroît qu'il ne faudroit mettre en cette place, que des personnes équitables, prêtes à se servir des droits de la magistrature & à s'en relâcher selon les circonstances; des personnes habiles qui savent distinguer ce qui regarde l'état, d'avec ce qui ne le regarde pas; des personnes honnêtes, incapables de taxer de crime d'état, ce qui n'est que contraire à leur façon de penser, à leurs préjugés & à leurs caprices.

Il n'y a point de soldats dans la ville de Venise; mais il y a des sbirres & des espions, dont les derniers sont infiniment incommodes: car ils se fourrent partout, de sorte qu'il est difficile de faire un pas ou un discours en public, ou dans des caffés, sans être vu ou entendu par quelcun de ces maudites mou-

mouches. Mais ce qu'il y a de plus incommode, c'est que ces coquins n'en veulent qu'aux honnêtes gens: car les libertins, les voleurs & les perturbateurs du repos public y laissés parfaitement tranquilles. Il n'y a aucune ville dans l'univers où les personnes qui vont à pied la nuit, soient si souvent attaquées & volées; où tant de boutiques soient enfoncées, & où il se commette tant d'insultes dans les ténèbres, qu'à Venise: cependant on n'y met jamais aucun ordre: on laisse faire en toute sureté aux fripons tout ce qu'ils veulent; & on a continuellement l'œil sur les honnêtes gens.

Les moines sont ici tout aussi incommodes que les espions: les honnêtes gens les trouvent partout dans leur chemin; comme les moines de tous les ordres ont la liberté, quant au gouvernement séculier, d'aller en masque tout le tems que les masques sont permis, ce qui veut dire presque toute l'année, ils se fourrent dans presque toutes les maisons & dans tous les caffés: si vous faites & pensez comme eux: si vous leur cédez en tout: si vous ne leur dé-

M

bauchez pas leurs maîtresses, ils vous laissent en repos & vous careſſent même; mais il eſt bien difficile qu'un honnête homme puiſſe ſe reſoudre à faire tout cela & ſurtout à penſer & à agir comme un moine. Au contraire ſi vous les choquez en quelque choſe que ce ſoit, vous avez tous les diables contre vous: ils tâchent de vous décrier chez vos connoiſſances: ils vous noirciſſent auprès des membres du gouvernement: ils repandent de faux bruits ſur votre compte dans tous les caffés & chez tous les libraires: ils s'entendent avec les mouches: enfin ils vous perſécutent de toutes les manières. Ils ſont cependant ſi fort décriés pour leur libertinage & pour leurs fourberies, que dans les maiſons les plus honnêtes ils ne ſont plus reçus: cela va ſi loin, qu'il y en a qui n'admettent pas même ceux avec qui ils ſont liés de parenté, quand ils ont du monde chez eux. On m'en a donné un exemple il n'y a que deux jours. Une dame m'avoit prié à dîner ſamedi paſſé: le matin du même jour deux de ſes couſins germains vinrent lui demander à dîner: elle avoit des faisons pour ne pas les refuser; mais elle m'écrivit sur le champ ce billet: " les Peres Daniel & Antoine, mes " cousins germains, que vous connois- " sez, sont venus, ce matin, deman- " der à diner: vous savez que je ne " puis pas les refuser; & comme la " bienséance ne permet plus à présent " qu'il y ait des moines où il y a " d'honnêtes gens, je me trouve obli- " gée de remettre à demain l'invita- " tion que je vous ai faite pour au- " jourd'hui: j'en ai fait aussi avertir " les autres."

Les Religieuses, du moins celles de certains couvents, sont des libertines aimables: elles ne font point de mal: au contraire elles font tout le bien qu'elles peuvent. Ainsi je ne puis dire que du bien d'elles: car si elles n'observent pas exactement le vœu de chasteté qu'on leur fait faire, ce n'est pas leur faute; mais c'est la faute de ceux qui ont inventé ce vœu absurde; & c'est aussi la faute de leurs parents, qui les engagent à se faire religieuses ou par force ou par ruse. Elles forment des intrigues; mais ce n'est presque jamais que par amour: elles sont généralement si bonnes, que celles qui ne sont plus en état d'avoir des amans, aiment à rendre service à celles qui sont dans l'âge des plaisirs: ainsi elles sont toutes charitables: les jeunes d'une façon & les vieilles d'une autre. Dans les couvents les plus distingués, il y a toujours des religieuses qui prennent la liberté de se masquer en secret, d'aller à l'opéra, à la comédie & à la place St. Marc, & de voir leurs galants; elles n'ont pour cela qu'à gagner la portiere, qui n'oseroit pas refuser d'ouvrir la porte à celles qui sont d'une grande naissance, & qui ont des parents, des amis & des galants puissants. Ces mêmes raisons ferment aussi la bouche à la supérieure, en cas qu'elle vienne à découvrir ces excès. Ce n'est pas par des oui-dire que je sais ces choses; mais je connois moi-même des religieuses qui prennent de pareilles libertés.

La plupart de ces moines & de ces religieuses, qui menent une vie si licencieuse, ne prétendent pas faire du mal pour cela. Tous ceux & toutes celles avec qui je me suis entretenu sur ce sujet, m'ont dit que faire l'amour n'est pas un péché; que les papes & les conciles ont chicané l'évangile à cet égard; qu'ils n'ont eu que des raisons purement politiques, pour établir les couvents & le vœu de chasteté; que les personnes raisonnables ne doivent pas être les dupes d'un rafinement de politique; que les raisons d'état doivent céder aux droits de l'humanité. J'ai remarqué encore que cette sorte de personnes tiennent ces propos indifféremment devant tout le monde, sans se mettre le moins du monde en peine de ce que dira l'inquisition ecclésiastique.

En d'autres endroits, l'inquisition procéderoit contre de pareilles personnes, comme contre des hérétiques; mais à Venise l'inquisition ecclésiastique a peu de puissance. Ce n'est pas que les moines qui en sont en possession, n'eussent grande envie de sévir & de se faire craindre comme partout ailleurs; mais à Venise ils ne peuvent rien faire sans l'autorité & l'agrément des nobles, qui sont députés pour assister aux procès & prescrire les sentences qu'on doit porter: or ces nobles sont toujours portés à l'humanité; & ils ne souffrent guéres que les moines tourmentent les gens pour leur façon de penser. Des personnes très instruites m'ont raconté, qu'il n'y a pas long-tems que les moines inquisiteurs avoient fait mettre en prison un Vénitien qui s'étoit ouvertement déclaré contre la transubstantiation: le prisonnier avoua son hérésie dès le premier interrogatoire qu'on lui fit: il ne s'agissoit donc plus que de le condamner: les moines se réjouissoient déja de pouvoir offrir à Dieu une victime; mais le noble, qui y assistoit, les mortifia tout d'un coup: il demanda au prisonnier, s'il croyoit que Dieu étoit né d'une vierge & qu'ensuite il s'étoit fait mettre en croix pour le salut du genre humain: le prisonnier répondit qu'oui: *si tu n'as pas de peine à croire cela*, lui repartit le noble, *& si tu en as à croire la transubstantiation, tu n'es qu'un fou: qui croit deux mystères, en peut bien croire trois: allons, je ne veux pas qu'on retienne cet homme · l'inquisition n'a point de jurisdic-*

tion sur les fous: remettez-le entre les mains de son curé. On dit que le premier ministre de Portugal actuellement en place, le marquis de Pombal, fit mettre en liberté un conseiller que les inquisiteurs avoient condamné à mort; parcequ'ils l'avoient convaincu d'athéisme. Le Marquis dit qu'un tel homme ne pouvoit être qu'un fou: son sentiment étoit mieux fondé que celui du noble Vénitien; car il avoit pour lui un mot de la Bible.

Les Vénitiens sont de tous les catholiques de l'univers, ceux qui font le moins de cas du pape: *Fra Paolo* leur a appris à le mépriser; & ils n'y ont pas manqué depuis. Dans ces derniers tems ils ont fait des réglements qui ont fait enrager tous les papes, y compris le pape actuel: ceux-ci ont crié & menacé: ce pape paroissoit surtout très disposé à rompre avec eux; mais ils sont allés leur train sans s'embarrasser de rien; & la prudence du vicaire de J. C. a jugé à propos de céder à la fierté de ces républicains qui disent, *Stamo prima nati Veneziani & poi fatti Cristiani:* nous sommes premierement nés Vénitiens & puis faits Chrétiens. Les libertés de l'églife Vénitienne font à préfent bien autrement des libertés, que celles de l'églife gallicane, que la plupart des évêques françois voudroient bien encore anéantir, fi on vouloit les écouter. Ceux ci aimeroient bien à rentrer fous l'efclavage de Rome, & recharger leur efprit de tous les préjugés des fiécles barbares, au lieu que les Vénitiens paroiffent n'afpirer qu'après l'occafion de fe décharger entierement de ce joug. Les Grecs, les Arméniens & les Juifs, ont à Venife, la liberté d'exercer publiquement leur culte: toutes les autres religions font fouffertes: il y a furtout beaucoup de Luthériens & de Calviniftes, qui ont leurs pafteurs & qui tiennent leurs affemblées en fecret: le fénat de fon côté fait femblant de ne pas le favoir: le clergé Vénitien n'y trouve rien à redire; au lieu que le clergé de France ne fait que tourmenter continuellement, tantôt par des atrocités qu'il fait commettre aux magiftrats, & tantôt par des libelles qu'il fait écrire par des membres de fon corps, les Prorestans de ce Royaume qui ont toujours été & qui sont encore les sujers les plus industrieux & les plus réglés, quant aux mœurs, qu'ait le Roi de France dans toute l'étendue de ses états.

Vous me demandez en quoi consiste le luxe de Venise: il faut distinguer en cela la capitale de la Terre ferme. Les nobles & les cittadins étant presque tous habillés à Venise en robe longue, la plus grande dépense que l'on fait dans la capitale même, regarde les habillements de masque, les gondoles, les manteaux, les casins, les femmes. Un homme qui veut suivre le bon ton, doit avoir plusieurs *baute*, qui sont des mantelets de gaze d'une grande valeur, pour le masque: car je vous ai déja dit qu'on fait des visites en cet habillement & que l'on se masque une grande partie de l'année: il faut de plus qu'il ait plusieurs manteaux pour toutes les saisons, tant pour aller en masque, que sans masque. A Venise les manteaux tiennent lieu d'épée que personne ne porte: ces manteaux sont précieux à cause des doublures: mon manteau de masque coûte deux cent

Livres; & il est des moins couteux. Il faut encore plusieurs gondoles, du moins une pour le mari, une autre pour la femme, une pour les enfants, & il faut un nombre proportionné de gondoliers: outre sa propre maison, la décence veut que l'on ait un casin pour recevoir du monde le soir: ces casins ne sont en effet que de belles maisons dans les plus beaux endroits de la ville, comme aux *Procuraties* de St. Marc, qui s'achetent ou se louent très cher uniquement pour cela. Les femmes coûtent comme partout; & les Vénitiens sont plus portés pour les femmes, qu'aucun peuple de l'Europe, parceque toute leur liberté se réduit à pouvoir faire l'amour & à se plonger dans la débauche: il y a du danger dans tout le reste. Voilà la liberté de ces Républicains tant de ceux qui composent la seigneurie, que de leurs sujets. Je ne compte point parmi les dépenses du luxe, celle qu'il faut faire en pierreries pour les femmes. En certaines occasions les dames de condition n'oseroient pas se montrer sans être chargées de diamants, non pas de la petitesse de ceux que portent les femmes de Paris, mais d'une grosseur très considérable. Mais il y a peu de familles qui soient obligées de faire cette dépense, parce que les pierreries existent dans les grandes maisons depuis long-tems. Une partie y a été apportée dans le tems que les Vénitiens avoient le commerce des Indes orientales; & l'autre depuis qu'ils se sont rendus maîtres de Constantinople, où ils ont pillés les palais des empereurs & des grands seigneurs de la Grèce. Je ne parle pas non plus des *Ridotti*, parce qu'ils ont été défendus cette année, ainsi que tous les jeux de hazard, sous les peines les plus sévères: ces *Ridotti* étoient proprement des brelans & des académies de bassette où tout le monde s'assembloit pendant le carnaval, pour jouer ou pour chercher des femmes, & pour former des parties de débauche en silence.

Les Vénitiens ont à la campagne d'autres objets de luxe: ils y reçoivent continuellement des visites & des amis, qu'ils retiennent chez eux: ils y font bonne chere, tiennent équipage

& se divertissent de toutes les façons; du moins ceux qui sont en état de faire de pareilles dépenses. Il faut aussi qu'ils entretiennent leurs maisons de plaisance qui sont superbes, & leurs jardins qui ne sont pas mauvais en général, & dont il y en a quelques uns de très beaux. Les deux bords de la *Brenta* de Padoue à Venise, & le *Terrajo* de *Treviso* à *Mestre* sont couverts de maisons de plaisance; mais les nobles Vénitiens en ont encore partout ailleurs, & surtout dans les environs de Padoue, de Vicence, de *Treviso*, d'*Este*, & de *Moncelice*. La maison de plaisance du noble *Farsetti*, qui est à *Sala* à peu de distance de Padoue, surpasse toutes celles qu'on voit dans l'état de Venise: il y a une collection unique de tous les chefs d'œuvres de sculpture antique & moderne, modelés en plâtre; & on voit mille autres raretés dans son palais & dans son jardin. Les gentilshommes de Terre ferme & principalement les Bressans & les Vicentins, ont aussi de très belles maisons de campagne dans les environs de Vicence & de Padoue. On en voit plusieurs qui sont de l'architecture du fameux *Palladio*.

Quand je fus voir cette magnifique maison de campagne à Sala, je venois du Bergamasque, où j'avois vu une rareté d'un autre genre: c'étoit un faint tout vivant qui eft l'abbé *Rubbi*, prévôt de *Solifoli*, terre du Bergamasque: il falfoit des miracles à foifon & tous fi bien conftatés, que bien des fouverains catholiques lui avoient envoyé toutes fortes de chofes, comme des bonnets, des chemifes, des veftes, des chapelets pour les faire toucher & bénir par ce faint: les étrangers y accouroient en foule: Il en eft venu jusques de l'Allemagne, de la France & de la Savoye. Ce miférable endroit de *Solifoli* n'avoit eu jusqu'alors qu'un abominable petit cabaret où les montagnards des environs alloient boire les jours de fête: quand j'y fuis arrivé, il y avoit déja vingt deux auberges où l'on donnoit bien à boire & à manger; mais après cela le fénat de Venife a tout gâté: il a fait ordonner au prévot de ne plus faire de miracles & de ne donner à perfonne d'autres bénédictions, que celles qui font d'ufage à la meffe. Le faint a obéi &

ce qui plus est, il n'a pas dit un seul mot contre l'ordre du sénat : cela prouve qu'il est du moins un bien bon homme : mais les aubergistes disent maintenant que St. *Rabbi* est un sot ; & que s'il étoit un véritable saint, il auroit fermé la bouche au sénat, & fait tomber la plume de la main du secrétaire qui dressa cet ordre ; que les autres saints ont bien sçu crier & se faire respecter dans de pareilles occasions.

Je reviens au luxe des Vénitiens. Il ne faut pas vous imaginer, que tous les nobles soient en état de se livrer au luxe ; le plus grand nombre d'entre eux, est même dans l'impuissance de faire certaines dépenses : il y en a une infinité qui sont si pauvres, qu'ils sont obligés de faire mille bassesses pour subsister: ils vont même dans les principales auberges demander l'aumône aux étrangers, & ils n'ont pas honte de leur avouer qu'ils sont de pauvres nobles : vous vous imaginez bien qu'ils n'y viennent pas en toge mais en masque : il est vrai aussi que d'autres malheureux y viennent faire le même métier en se donnant pour nobles, quoiqu'ils soient bien éloignés de l'être : on appelle ces pauvres nobles *Barnaboti*, parcequ'ils demeurent, pour la plupart, dans le quartier de St. Barnabé, où les maisons se louent à meilleur marché qu'ailleurs. Les plus riches familles nobles ont quarante, ou cinquante mille ducats de Venise de revenu, un ducat faisant environ quatre livres de France : les avocats & les principales maisons bourgeoises qu'on appelle ici cittadini, les gros négociants & les gentils hommes de Terre ferme, vivent ordinairement avec le même luxe que les nobles.

Les Avocats de Venise gagnent beaucoup, surtout ceux qui ont le plus de vogue : mais ils ne laissent pas pour cela d'être les plus ignorantes bêtes de toute l'Italie, hormis les avocats de Milan qui ne sont pas à la vérité des bouffons aussi fades & aussi ridicules que ceux de Venise, mais certainement tout aussi stupides en fait de doctrine.

Le commerce se soutient toujours à Venise dans le même état où il est tombé, après que cette république a perdu celui du Levant. Mais dans la Terre ferme, les manufactures & les fabriques augmentent insensiblement. Cela seul suffit pour prouver que les impôts ne sont pas aussi forts, qu'ils le paroissent aux sujets de cette république, qui ne font que se plaindre de l'excès des impôts: s'ils étoient insupportables, le commerce & les manufactures tomberoient, comme chez leurs voisins les Milanois & les Mantouans, où d'un côté les impôts excessifs, & de l'autre la méchanceté des fermiers & des douaniers ont tout dégradé, agriculture, commerce & manufactures.

Je ne saurois vous marquer au juste les revenus de la république: les Vénitiens tremblent quand on leur parle des affaires d'état: ils croyent voir le *Fante* des inquisiteurs devant eux. Différentes raisons me portent à croire que ces revenus ne sont pas bien grands: la principale raison qui a déterminé un grand nombre de sénateurs bigots à consentir à la suppression des petits couvents, a été l'espérance d'augmenter considérablement le trésor de la république, par la confiscation des biens appartenants à ces couvents. Comme cette opération n'a pas produit tout ce qu'on en attendoit, le sénat a eu recours au moyen extraordinaire d'ouvrir le livre d'or, où sont inscrits tous les nobles Vénitiens, pour admettre dans leur corps les gentils-hommes de Terre ferme qui seroient en état de prouver une certaine noblesse, & de payer une certaine somme à la république.

l'Etat a été obligé, dans ces derniers tems, de faire des dépenses extraordinaires à l'occasion de la guerre des Russes contre les Turcs: il a voulu garder la neutralité; & pour qu'on ne le contraignît point à la rompre malgré lui, il a augmenté de beaucoup sa marine militaire, de sorte qu'elle est en aussi bon état, qu'elle peut l'être pour les forces de cette République.

Au contraire ses troupes de terre sont pires que celles du pape. En effet, elle n'a besoin de soldats que pour contenir les habitants & maintenir l'ordre & la tranquillité dans la Terre ferme; & pour cela, les troupes qu'elle a, sont assez bonnes, toutes mauvaises qu'elles sont. On avoit proposé dans le sénat, il n'y a pas long tems, d'augmenter ces troupes & de leur donner une meilleure discipline; mais les plus sages sénateurs s'y sont opposés. Dans un état maritime qui n'est pas d'une étendue à former un royaume considérable, on ne peut, à mon avis, rien faire de plus inutile & même de plus pernicieux, que d'augmenter les troupes de terre. Ces troupes ne peuvent jamais suffire à tenir tête aux armées des grandes puissances voisines; & les dépenses qu'on fait pour elles, empêchent qu'on n'en puisse faire assez pour la marine qui est la seule force qui convienne à de pareils états: d'ailleurs une république qui tient continuellement sur pied une armée de terre plus nombreuse & mieux disciplinée que ne l'exige la conservation de l'ordre & de la tranquillité intérieure de l'état, sera tôt ou tard bouleversée & même détruite par quelcun de ceux auxquels elle est obligée de donner le commandement en chef de ses troupes: cela n'a jamais manqué d'arriver: & c'est de cette façon que la république Romaine a été anéantie.

La république de Venise avoit autrefois un voisin bien incommode & bien formidable, dans le grand Sultan: à présent elle n'a rien à craindre du côté des Turcs: cette puissance dépérit tous les jours; outre que la maison d'Autriche l'empêcheroit bien de faire une entreprise considérable sur l'état de Venise. Mais cette même maison d'Autriche est un ennemi bien autrement dangereux pour elle. Si la cour de Vienne étoit jamais tentée d'en faire la conquête, elle n'auroit qu'à y faire entrer un ou deux regiments des troupes qu'elle a dans la Lombardie: il n'y auroit pas à risquer la vie d'un seul homme pour s'emparer de la Terre ferme; & la capitale seroit reduite par la famine dans l'espace d'un mois. Vous me direz que la jalousie des autres princes pourroit, dans ce cas, tenir lieu d'une forte armée aux Vénitiens; mais cette jalousie n'a pas empêché le partage de la Pologne. A une cour aussi puissante que celle de Vienne, il faut peu de chose pour faire taire la jalousie. Le siécle où nous sommes, a produit des révolutions bien plus extraordinaires, que ne le seroit la destruction de cette république.

Je viens de vous dire, qu'une puissance étrangére pourroit s'emparer de l'etat de Venise sans coup férir : vous ne devez pas prendre cela pour une exagération : c'est la pure vérité : jugez en par ces deux exemples. Au commencement de la derniere guerre avec le roi de Prusse, je voyageois en Italie ; & je me suis trouvé à Vérone justement dans le tems que les troupes Autrichiennes, qui étoient dans la Lombardie, repassoient en Allemagne : comme elles passoient en grand nombre, une partie devoit aller par Vérone & une autre devoit prendre un chemin différent. Les Houssards furent les premiers à passer par Vérone : tout le monde alla les voir : je me rendis à la place où étoit la grande garde, où je connoissois le major, nommé *Faba*. A l'approche des houssards, le major fit présenter les armes ; les houssards de leur côté tirerent le sabre : cette manœuvre effraya la garde Vénitienne & dans l'instant toute la Compagnie prit la fuite, il n'y eut que le major qui resta courageusement sur la place : on envoya ramasser les fuyards ; & on trouva les uns à la messe, les autres au B.... Quand l'empereur actuellement regnant passa la premiere fois en Italie, j'étois à

Milan; & comme le bruit s'étoit répandu que les Vénitiens lui rendroient des honneurs à son passage par *Castelnuovo*, je voulus voir ce spectacle. Ils y avoient envoyé un noble Vénitien avec quelques compagnies de soldats pour le recevoir & le complimenter au nom de la république: les soldats resterent dispersés çà & là jusqu'au moment où l'on voyoit déja l'Empereur. Dans cet instant on les appella pour les ranger sur deux lignes; mais pendant que l'Empereur passoit entre ces lignes, on remarquoit parci par là des vuides des deux côtés, parceque les soldats, qui devoient les remplir, étoient à lâcher de l'eau.

Celui qui vous a raconté que le gouvernement de Venise ne permet pas que les nobles Vénitiens puissent acquérir des terres seigneuriales & des fiefs dans les états des autres princes, ne vous a pas dit la vérité, quoiqu'il vous l'ait confirmé par un passage d'Amelot de la Houssaye: je connois deux familles de nobles qui possedent de grands fiefs dans le Tyrol: l'une est la famille *Giovanelli*, & l'autre la famille *Zenobio*. *Borgo di Valsugana*, qui est entre *Bassano* & Trente & *Caltern* qui est près de *Botzen* font deux fiefs très confidérables, avec jurisdiction civile & criminelle, qui appartiennent à la maison *Giovanelli*. *Lavis*, qui est un beau bourg à une lieue de Trente, appartient avec ses dépendances à la famille *Zenobio*: il y a encore plus; le comte *Zenobio* avoit vendu ce fief au comte *Migazzi* de Trente, frere du cardinal Migazzi, archevêque de Vienne; mais la république a cassé le contract, & le fief est resté dans la famille de ce noble. Il est pourtant vrai que ces feudataires de la maison d'Autriche n'oseroient pas se mettre au service de cette puissance; parcequ'il est défendu sous peine de la vie & de la confiscation des biens à tout noble Vénitien de servir aucune autre puissance, soit dans l'état civil, soit dans l'état militaire. C'est pourquoi les ecclésiastiques sont exclus de toute charge civile dans cet état & même du grand conseil, parcequ'ils sont censés dépendre en quelque façon d'une puissance étrangère, qui est celle de la cour de Rome.

Cette même personne vous a encore très mal informé en vous disant que les nobles Vénitiens, qui sont envoyés en qualité de *Podestà* pour administrer la justice dans les différentes villes de Terre ferme, s'y acquittent mal de leur devoir. Je fais tout le contraire. Il y a peu de païs en Europe, où la justice civile soit ordinairement administrée avec tant d'exactitude & d'impartialité, que dans les états de la Terre ferme. Le sénat a coutume de ne donner l'emploi de *podestà*, qu'à des nobles, qui sont riches ou du moins fort à leur aise & dont la probité soit connue. Ces seigneurs aulieu de se laisser corrompre, comme cela se pratique assez communément ailleurs, terminentbien souvent des procès en payant de leur bourse l'argent en question. Dans ces emplois ils ne cherchent qu'à se faire honneur pour engager le sénat à leur donner des charges plus considérables. Comme ils ignorent les loix de Justinien & de la chicane, ils rendent la justice selon leurs lumieres naturelles: & il arrive rarement qu'ils s'y trompent. C'est un plaisir de les voir décider les questions civiles les plus épineuses: ils vous tranchent le nœud avec une facilité & une pénétration admirables. Après que les avocats ont bien crié & bien déployé, chacun de son côté, toutes les chicanes, tous les sophismes & toutes les absurdités que le droit commun fournit en abondance aux jurisconsultes, le *Podestà* leur dit en face: *je n'entends rien à votre jargon de jurisprudence; mais je sais par moi-même, que je dois condamner celui-ci & absoudre celui-là.* Le plus souvent les avocats des deux parties s'en vont chez eux dire que le *Podestà* est un fou, tandis que les parties avouent qu'il voit plus clair & qu'il est plus honnête que leurs avocats. La justice criminelle n'est pas administrée avec la même exactitude: une humanité mal-entendue, les femmes, les protections, portent assez généralement les *Podestà* à négliger la poursuite des crimes, & à pardonner aux coupables.

Ces jours passés j'ai fait une excursion jusqu'à Milan pour y revoir mes amis, qui sont des personnes des plus respectables de toute l'Italie par leurs connoissances & leur probité: ainsi vous jugez bien que ce ne sont pas des avocats, ni des fermiers: je vous ai déja parlé, dans une autre lettre, des avocats de Milan. Mais je ne vous ai encore rien dit des fermiers généraux & de leurs satellites. Les commis de ces fermiers font les plus infolens coquins, & les fourbes les plus audacieux de toute l'Italie. Aussi depuis l'établissement de ces fermes, tout ce beau pays est accommodé de façon qu'il n'est plus réconnoissable. Le Milanois & le Mantouan dépérissent à vue d'œil: tout y tombe, agriculture, commerce, manufactures. Dans le siécle précédent la ville de Milan renfermoit trois cents mille habitans: fa vaste enceinte pouvoit commodément les contenir: il n'y a pas long temps, qu'elle en avoit encore cent vingt mille: à présent on n'y en compte tout au plus que cent mille. C'est le pays de toute l'Italie, où l'on publie le plus d'ordonnances, & où elles font observées le moins. La ville de Mantoue contenoit autrefois cinquante mille habitans, ensuite vingt cinq mille, à présent on y en compte à peine quinze mille. Au contraire les préfectures Suisses qui appartenoient autrefois au duché de Milan, & qui en ont été détachées par Louis XII, roi de France, deviennent tous les jours plus florissantes, quoique leur sol ne soit pas, à beaucoup près, aussi fertile que celui du Milanois autrichien, ou Piémontois. Les voyages que j'ai faits dans ces deux provinces, & dans le Tirol, avant & après l'établissement des fermes, m'ont appris, mieux que tous les livres & tous les cris des peuples, les prodigieux changemens que de pareils réglemens opérent dans les pays, où on les introduit. Avant l'établissement des fermes dans le Tirol, les foires de Botzen enrichissoient tout le pays, & cette ville même étoit toute remplie de négocians les plus riches de tous les états de la maison d'Autriche. Mais les fermes n'y furent pas plutôt introduites, que les commis par leurs infolences & leurs vexations éloignerent du Tirol tous les étrangers, firent cesser presque tout le commerce & occasionnerent tous les jours de nouvelles banqueroutes. Le Tirol ne se retablira plus: mais il y a un moyen infaillible de retablir le Milanois & le Mantouan, qui est d'abolir les fermes & les impôts onéreux:

& d'ôter aux couvents & aux églises, dont il y en a quantité qui ont des revenus immenses, tout le superflu en terres & en argent, en le faisant rentrer & circuler dans l'état, auquel la fourberie & la superstition l'ont enlevé. La chartreuse de Pavie, le couvent de St. Benedetto dans le Mantouan, l'église cathédrale de Milan, quantité d'autres couvents également riches & onéreux aux sujets, pourroient fournir au trésor royal annuellement des sommes plus considérables, que toutes les fourberies & les atrocités des commis des fermes n'en sauroient extorquer des habitans & des étrangers au grand préjudice de l'état.

J'ai eu à Milan le plaisir de revoir le fameux manuscrit de Leonard Vinci, dont les Milanois s'imaginent qu'il n'existe aucune copie dans l'univers : ils en font un si grand cas, qu'ils se vantent d'avoir refusé la somme de trois mille pistoles, que Jacques I, roi d'Angleterre leur avoit offerte pour la douziéme partie de cet ouvrage, témoin une inscription qu'ils font voir. Cependant j'ai vu autrefois à Naples une très-belle copie de tout cet ouvrage, faite par un moine (car il falloit un moine pour cela) qui avoit un emploi dans la bibliothéque Ambrosienne, où ce précieux manuscrit est conservé. Le propriétaire de cette copie m'a témoigné être très-disposé à s'en défaire moyennant une réconnoissance proportionnée à l'importance de l'ouvrage & au mérite tout extraordinaire de Vinci.

La noblesse Milanoise commence à dégénérer prodigieusement: elle conserve les vices du pays, & elle adopte de plus ceux des étrangers, pour lesquels elle se dépouille insensiblement de ses vertus naturelles. Le faste y va succéder peu à peu à la générosité, les titres tiennent lieu de mérite, le mépris pour les inférieurs remplace l'élévation d'ame. Tout cela vient de l'étranger.

LETTRE DOUZIEME.

Rome le 25. Janvier 1775.

Civita vecchia. Infolence des galériens de cette ville, election du nouveau Pape. Difpofition des Romains à fon égard lors de fa proclamation. Parti Rezzonico. Le feu pape Ganganelli: motif qui le fit faire pape: Cardinal Torregiani: Cardinal Camerlingue: fatyre faite contre les Cardinaux du dernier Conclave. Le nouveau pape paroit favorable aux Jéfuites. Raifon, pourquoi le nouveau pape a pris le nom de Pie VI. Cenfure du pontificat de Pie V. Carnaval de Florence. Liberté des dames Florentines durant le carnaval Sigisbéisme. Beauté & graces de la langue Toscane. Caractère des Florentins. Plufieurs fages réglements du prefent Grand Duc. Réglement pour la fanté des filles publiques. Gênes; Induftrie furprenante des Génois: caractere de leur nobleffe.

J'ai reçu votre Lettre pendant que j'étois à Livourne; mais l'élection du nouveau pape m'a obligé d'en différer la réponse; car je voulois être à Rome pour la cérémonie du couronnement. A cet effet, je me suis incontinent embarqué sur une pinque Génoise, qui me porta dans dixhuit heures à Civitá-Vecchia. Dans cette ville, je pris un voiturier qui s'engagea à me conduire dans neuf heures à Rome; mais au sortir de Civitá-Vecchia, j'ai manqué de faire un meurtre qui, à la satisfaction des Sbirres & des Juges criminels lesquels, dans toute l'Italie, vivent du malheur des hommes, auroit pu déranger mes mesures. N'ayant pas dormi tout le tems que j'avois été sur mer, je ne fus pas plutôt dans la voiture, que je m'endormis. Lorsque je fus ainsi arrivé à une place de la ville, la voiture rencontra les galériens qu'on menoit au travail; ces gens-là n'y sont pas enchaînés comme ailleurs; mais on les laisse aller en liberté, accompagnés seulement d'un très petit nombre de sentinelles qui ne valent pas mieux qu'eux.

Ce manque d'ordre & de discipline rend les galériens si téméraires, que non seulement ils osent insulter le monde partout où ils passent, mais qu'ils poussent même quelquefois l'audace jusqu'à s'ameuter tous ensemble contre les officiers de la justice & du gouvernement, de sorte qu'il a fallu, depuis peu, les reduire par le feu de la garnison & du canon. Dans le tems qu'une troupe de ces misérables passoit à côté de ma voiture, un d'entre eux en saisit un autre par le milieu du corps, & le lança tout d'un coup sur la voiture, de maniere qu'il vint tomber sur moi de toute sa force. Comme j'étois endormi, je crus qu'on vouloit m'assassiner, & prenant mes pistolets, j'en déchargeai un sur le galérien; mais le coup étant parti de la main d'un homme encore à moitié endormi, il ne fit qu'effleurer le cou de ce misérable, qui n'eut pas besoin de beaucoup d'adresse pour l'éviter. Les témoins de ce spectacle & les sentinelles mêmes ne douterent pas que ces deux galériens ne m'eussent joué ce tour de concert, dans le deſſein de me voler en paſſant: auſſi tout le monde ſe mit à crier qu'ils auroient mérité que je les euſſe tués tous les deux. Cela n'eut point de ſuite: les galériens pourſuivirent leur chemin & moi le mien, en maudiſſant la police du gouvernement du St. Pere.

Je ſuis arrivé à Rome, le 20 de Février; & j'ai trouvé tout le monde encore tout étonné de la récente élection: ce Cardinal *Braſchi*, qui vient d'être fait Pape, n'eſt preſque point connu; & ſans les almanachs on ne ſauroit pas qu'il eſt d'une famille de Céſène, qui porte le titre de Comte; on ne ſe ſouvient même qu'avec peine, qu'il n'y a pas encore deux ans qu'il a été créé cardinal par le feu Pape *Ganganelli*, dont il ne paroit cependant pas porté à vouloir éternifer la mémoire: car il a déja fait connoître l'intention qu'il a de détruire bien des choſes établies par ſon prédéceſſeur. Lorſque ſon élection fut annoncée au peuple, aſſemblé devant le conclave, il n'y eut preſque perſonne qui voulut crier *viva*, ſuivant la coutume. Le cardinal *Albani*, qui le proclama, eut beau crier plusieurs fois *viva*, le peuple ne voulut pas le seconder.

Ce fut le parti *Rezzonico* qui fit tomber le choix sur le cardinal *Braschi*. Ce parti est composé de cardinaux affectionnés aux Jésuites, & entêtés des droits de la cour de Rome sur les princes & sur l'église. Le cardinal *Torregiani* & les *Rezzonico* avoient dominé sous le pontificat de Clément XIII. de la famille *Rezzonico* de Venise, auquel ils avoient fait tenir une conduite si contraire aux prétentions des princes, que, s'il avoit regné plus long tems, les princes catholiques les plus zélés pour la papauté, auroient peut-être secoué, par dépit, un joug qu'ils ne portent plus que par indolence. Clément XIV, qui, n'étant encore que pere *Ganganelli* & allant de couvent en couvent exercer les fonctions de lecteur, tantôt en philosophie, tantôt en théologie, s'étoit trouvé dans le cas d'éprouver continuellement l'orgueil & la présomption des Jésuites, avoit contracté insensiblement une haine contre cet ordre, qui lui valut le pontificat: car après la mort du Pape *Rezzonico*, les cours de France & d'Espagne voulurent abfolument un Pape, qui fut difpofé à abolir les Jéfuites, pour l'amour desquels Clement XIII, qui n'aimoit d'ailleurs réellement que les bons éturgeons & les bonnes grives, les avoit cruellement infultés. Ce pontife n'étoit pas naturellement fier: au contraire, il étoit d'un caractère doux; mais il étoit fi bon, qu'il devenoit la dupe de tous ceux qui l'environnoient. Durant le conclave qui fe tint après la mort de *Rezzonico*, la cour d'Efpagne negocia l'abolition des Jéfuites avec le cardinal *Ganganelli*, ce qui occafionna l'évènement inattendu, de voir un moine de l'efpèce la plus méprifée, favoir de l'ordre de St. François, porté fur le trône pontifical, dans un tems où les honnêtes gens ont en averfion tous les moines en général, même les moins diffamés. Sous ce regne, le cardinal *Torregiani* & les neveux du feu pape ne furent plus rien: le premier fe livra pour lors entiérement aux pauvres auxquels il fit de grandes charités. Le Cardinal *Rezzonico*, qu'on appelle ici le Cardinal Camerlingue, à cause de la charge qu'il occupe, regagna l'estime du public par une voye moins couteuse : il se fit dévot & ennemi du beau sexe. Pour moi, qui suis rarement du sentiment du public, je n'ai pas grande opinion des dévots : le ciel les occupe trop, pour qu'ils se soucient de la terre ; & ils sont trop pleins du créateur, pour qu'ils daignent regarder les créatures. Cependant comme parmi la foule des méchants dévots il y en a de bons, je ne prétends point par là, vous donner une mauvaise idée de ce cardinal.

Dans le dernier conclave les *Rezzonico* ont constamment joué un grand rôle ; & à la fin, ils s'en sont rendus maîtres tout-à-fait : ils ont emporté les suffrages de leurs confrères : on prétend que les Jésuites, leurs clients, y ont fait jouer certaines machines de leur façon ; & on nomme deux ou trois cardinaux que ces machines ont fortement ébranlé. Mais on ne peut pas faire beaucoup de fond sur les propos des Romains, qui sont un peuple plus satyrique que vrai.

Pendant ce conclave, un Abbé a composé un drâme, qui se vend en manuscrit, dans lequel tous les cardinaux sont peints au naturel, avec la conduite qu'ils tenoient dans cette retraite où ils attendoient le St. Esprit. Les uns sont tournés en ridicule comme des sots & des imbécilles: d'autres y sont la figure de débauchés, uniquement occupés de leurs galanteries: d'autres enfin sont représentés comme des scélérats, qui foulent aux pieds tous les devoirs de la religion & de l'humanité: un cardinal de cette trempe y finit même par tuer un de ses confreres. L'auteur pour mieux se déguiser, a employé un nouveau stratagême: il a tiré toutes les expressions & toutes les phrases des différents drâmes de Métastase, qu'il a fondues, avec beaucoup d'art, dans le sien, sans y mettre une seule phrase de sa façon: on tient pour constant ici que certains cardinaux lui ont communiqué tous les secrets du conclave: du moins est-il évident qu'il n'auroit pas pu savoir toutes ces choses, si quelcun du conclave ne l'en eût instruit. Cependant malgré les précautions qu'il a prises, il a été découvert, & il est maintenant en prison.

Enfin les *Rezzonico*, aidés du cardinal *Torregiani*, sont parvenus à faire élire celui qu'ils ont voulu: le nouveau pape semble porté pour les Jésuites; mais la cour d'Espagne est plus puissante que le pape & que les Jésuites qu'elle a fait abolir; & dans ce siécle il paroît que les foudres du Vatican ne font que chatouiller, au-lieu de blesser les personnes contre qui elles sont lancées; car tout le monde en rit. Ainsi, tout ce que le Pape pourra faire en faveur des Jésuites, ne servira tout au plus, qu'à faire traiter un peu mieux leur général emprisonné, & à mettre en liberté quelques uns de ses subalternes, qui sont, comme lui, enfermés dans le château St. Ange.

Ce Pape a pris le nom de Pie VI contre la coutume des papes modernes, qui prennent, par une espèce de reconnoissance, le nom du Pape qui les a crées cardinaux. Il a choisi ce nom par l'estime particulière qu'il a pour la mémoire de Pie V. Mais la mémoire de ce pontife est décriée chez tous les Catholiques qui fe piquent de bon fens. Ils l'accufent d'avoir eu des préventions abfurdes au fujet des droits du pontificat fur les princes temporels; d'avoir protégé extraordinairement l'abominable tribunal de l'inquifition, dont il avoit été chef lui-même avant que d'être Pape; d'avoir exercé des cruautés contre des perfonnes d'un grand mérite, comme les *Carnafecchi* & les *Zanetti*; d'avoir été entouré de méchants miniftres auxquels il abandonnoit les affaires les plus importantes de l'Eglife & de l'état. Ce fut ce grand homme qui s'avifa d'excommunier la reine Elizabeth par une bulle toute remplie de termes les plus injurieux & d'expresfions connues feulement de la plus vile populace. Ce fut ce moine fanguinaire & ce pontife violent qui publia, le premier, la fameufe Bulle *in cænâ domini*, ouvrage d'une fotte ambition & d'une affreufe tyrannie. Les Hiftoriens eccléfiaftiques ajoutent que le peuple Romain marqua une grande joye à la mort de ce Pie V.

Les mêmes Hiftoriens rapportent que Pie V. aimoit beaucoup les gens de lettres, & qu'il fit donner deux cents écus d'or à un lettré de cette espèce, qui lui avoit dédié la vie de J. C. qu'il n'avoit pourtant que traduite du latin en Italien. Le Pape Pie VI paroît vouloir marcher à cet égard sur ses traces : on dit qu'il a fait venir en sa présence & comblé des plus grands éloges le frere d'un nonce, pour avoir fait ces beaux vers dans le goût du douzieme siécle :

Si fuit, ut fertur, sub Sextis perdita Roma,
Roma est sub Sexto reddita & aucta Pio.

Je crains que vous ne trouviez pas ces vers aussi jolis qu'ils l'ont paru à Pie VI.

Je vous ai marqué au commencement de cette lettre qu'avant de venir à Rome j'étois dans la Toscane. Le jubilé de Rome, durant lequel il n'y est pas permis de mêler les choses profanes aux sacrées, m'avoit déterminé à célébrer mon carnaval dans la Toscane.

Le carnaval de Florence offre un spectacle presqu'unique en Italie ; c'est de voir les honnêtes femmes aller seules aux differents théâtres, s'y mettre dans le parterre, chercher les personnes qu'elles veulent, & aller visiter les loges qu'elles jugent à propos. Les dames de Florence sont cruellement gênées par leurs sigisbés, pendant toute l'année: ils les suivent partout & éloignent d'elles tous ceux qu'ils soupçonnent vouloir partager avec eux leur bonheur. Lorsque le carnaval vient, ces dames prennent leur revanche: à l'aide du masque elles plantent là leurs jaloux sigisbés & s'en vont où elles veulent. C'est dans ce tems qu'elles font de nouvelles connoissances, qui aboutissent quelque fois à faire remplacer l'ancien sigisbé par un nouveau; car la variété plait en amour, comme en toute autre chose. J'étois hier au soir au spectacle entre deux hommes & deux femmes, qui traitoient entr'eux d'affaires de cette nature: j'entendis très clairement qu'une de ces deux dames conclut par promettre à son nouvel amant, qu'elle trouveroit auprès de son mari, quelque prétexte pour se débarrasser de son ancien sigisbé: leur dialogue me parut si agréable, que je ne pus prêter assez d'attention aux propos de l'autre couple d'amants. Ces Dames Florentines enchantent beaucoup plus par leur langage que par leur beauté. La langue Toscane est admirable pour sa douceur, pour sa finesse & pour son énergie; & les femmes la manient infiniment mieux que les hommes, & les paysanes mieux que les savants du premier ordre.

J'ai lu dans quelque livre, écrit par un Italien, que les sigisbés ne sont pas ordinairement des hommes dangereux pour les maris. Cet Italien ne connoît pas si bien sa patrie, que les prédicateurs & les confesseurs de son païs: car quoique le clergé Italien ne soit pas fort difficile sur l'article de l'adultère, il ne cesse pourtant pas de déclamer contre le sigisbéisme. Quand on connoît les Italiens & les femmes en général, il faut être bien bon pour se persuader qu'un homme qui est presque toujours auprès d'une femme, qui la prend au sortir du lit & qui l'y remet, ne fasse jamais avec elle, que ce que permet la décence. Il est vrai que le petit peuple d'Italie est encore extrêmement jaloux; & qu'un cordonnier par exemple, un tailleur & autres gens de cette sorte feroient sauter par la fenêtre quelcun qui s'aviseroit de venir voir leurs femmes en particulier; mais il n'en est pas de même de la noblesse & des gros négocians: les hommes de ces classes n'ont pas la moindre jalousie pour leurs femmes; ils n'en ont que pour celles dont ils sont les sigisbés. Cependant l'usage des sigisbés commence à tomber dans presque toutes les villes d'Italie: ce n'est sûrement pas que les femmes deviennent plus chastes; mais c'est qu'elles n'aiment pas à être gênées: les hommes de leur côté, s'accommodent insensiblement au naturel des femmes; ils commencent à trouver, comme elles, du plaisir dans la variété; & la jouissance produit également le dégoût dans les deux sexes. Mais les Dames de Florence sont encore trop gênées à cet égard. Les Florentins qui sont fins, voudroient que les femmes fussent constantes, & que le changement ne fut permis qu'aux hommes: c'est ce qui fait que pendant le carnaval les femmes se dédommagent de la gêne de toute l'année.

Il n'y a dans toute l'Italie, que la Toscane où une femme puisse hazarder d'aller seule courir les rues, le parterre & les loges des théâtres. Dans les autres païs elle auroit bientôt à ses trousses, plus d'hommes qu'elle ne voudroit. Mais les Florentins sont très éloignés d'insulter personne: ils sont trop polis pour cela: aussi la Toscane est-elle de tous les païs d'Italie, celui où l'on voyage avec le plus de sureté: on n'y trouve ni assassins, ni voleurs.

Les Florentins aiment l'argent plus que les autres Italiens: ils ne sont pas riches en général: tous leurs voisins sont dans une plus grande aisance qu'eux, excepté les Romains, qui sont pauvres & affamés: mais tandis que les Romains volent & assassinent pour satisfaire à leurs besoins, les Toscans aiment mieux les satisfaire par la sobriété & par la ruse.

Etant, l'autre soir, dans une boutique je pris une tasse de caffé; en partant je voulus payer; mais le caffetier me dit qu'un monsieur, qui étoit là & que je n'avois jamais vu, avoit payé pour moi: je ne manquai pas de lui en témoigner ma surprise, & je partis. Comme je fus à quelques pas de la boutique, voila mon homme qui m'accroche & qui me dit qu'il avoit pris la liberté de payer mon caffé pour se faire connoître, & pour avoir l'occasion de me dire qu'il étoit un pauvre gentilhomme qui &c. Vous pouvez juger que je lui ai marqué ma reconnoissance: je sais bon gré aux gens qui aiment mieux demander que de prendre eux-mêmes. Le bibliothécaire de la bibliothéque de . . . . s'y prit différemment pour avoir de mon argent. Comme il est chanoine, je cru devoir m'en aller sans lui rien donner; mais a la porte il me donna la main, & m'égratigna très fort la mienne, comme s'il en vouloit tirer quelque pièce: cela me choqua; & je le laissai avec le déplaisir de n'avoir rien reçu de moi.

C'est un grand bonheur pour la Toscane, d'avoir un prince qui la gouverne & qui réside à Florence; & c'en est encore un plus grand que d'avoir un prince tel que le présent grand Duc. Les sommes immenses qu'on en a tirées avant que ce prince vint s'y établir, l'ont épuisée. Quand je fus la premiére fois dans ce païs, j'y voyois tomber sensiblement l'agriculture & le commerce, & diminuer la population; cette délicieuse vallée, toute remplie de villages & de belles maisons de plaisance, où Florence est située comme au milieu d'un vaste bassin, alloit devenir un desert; mais à présent tout se ranime: les vignes couronnent les côteaux; & les plaines qui sont dans le fond, sont cultivées avec beaucoup de soins & beaucoup d'intelligence: les maisons de campagne dont ces côteaux sont couverts, & que l'on commençoit à laisser dépérir, sont reparées & bien entretenues: les jeunes paysanes, ornées de fleurs & couvertes élégamment de jolis petits chapeaux de paille, font retentir l'air de belles & naïves chansons: enfin tout respire à présent, les hommes & le terrein.

Le nouveau prince a fait différents réglements pour augmenter la population, l'industrie & le commerce: il en a fait aussi dont la cour de Rome & les moines n'ont pas lieu d'être contents, & qui n'en sont que plus utiles à ses sujets. En général les Florentins ont été de tout tems moins esclaves du St. Siege que les autres peuples d'Italie, excepté les Vénitiens. Machiavel &

Guichardin, tous deux Florentins, & dont le second étoit même au service de la cour de Rome, nous ont laissé des portraits affreux des papes & des moines: ils ont mis leurs crimes & leurs usurpations dans tout leur jour.

Un de mes amis a appris à Livourne un réglement dont je n'avois aucune connoissance, qui est, que les filles publiques y sont obligées de se laisser visiter toutes les semaines une fois, & plus souvent si on le juge à propos, par des chirurgiens députés à cet effet, pour voir si elles ont quelques maladies qu'elles pourroient communiquer à ceux qui couchent avec elles; & dans ce cas, on les envoye à Pise pour y être guéries: ce qui fait que pour ne pas perdre leur tems à l'hôpital, elles usent de toutes les précautions possibles pour ne point attraper de pareilles maladies. Je ne sais pas si ce règlement charitable a été fait pour toute la Toscane, ou seulement pour Livourne, en faveur des étrangers qui y viennent commercer.

Le commerce de Livourne étoit tombé; mais le grand Duc s'efforce de le rétablir.

Avant d'aller à Florence j'ai été à Gênes. Si l'on veut voir ce que c'est que la liberté, il faut aller dans ce païs; tout y annonce l'aisance & la richesse: tout cet état n'est pourtant que des rochers arides qui ne produisent rien d'eux-mêmes, aux deux bords d'une mer qui n'est point du tout poissonneuse: je ne vous ferai point la description de la ville de Gênes: vous la connoissez assez par les rélations des voyageurs. Vous savez aussi combien elle est remplie de nobles & de négociants qui ont des richesses immenses: les Génois comme les Hollandois, sont la ressource de tous les princes de l'Europe, qui ont besoin d'argent. Les deux bords de la mer, dont celui qui est à l'occident, s'appelle *la riviera di ponente*, & celui qui est à l'orient, *la riviera di levante*, sont couverts, le premier surtout, des plus superbes maisons de plaisance que l'on puisse voir, de villes, de bourgs & de très beaux villages. J'ai voulu faire ce voyage par terre, malgré la difficulté qu'il y a à grimper sur ces rochers, pour examiner de mes yeux, d'où ce peuple tire ses richesses: j'ai vu que ces rochers ne font fusceptibles d'aucune autre culture que de celle de vignes, de citrons, d'oliviers & dans quelques endroits de mûriers: point de bois, point de prairies, & presque point de champs. Les vignes de cet état font en si petit nombre, que les Génois font obligés d'aller chercher leur vin à Naples, en Calabre & en Sicile, pour fournir à leur confommation. Les productions dont ils peuvent faire part à l'étranger, fe reduifent donc à l'huile & aux citrons: en échange ils font obligés de tirer de l'étranger tout ce qu'il leur faut pour fubfifter, & les matieres premieres pour leurs fabriques & leurs manufactures, outre les draps & les toiles qu'ils font venir d'Angleterre, de France, de la Hollande & de la Suiffe: il eft donc évident que ce n'eft que le commerce & l'induftrie qui procurent ces grandes richeffes aux Génois.

Le commerce eft l'ame de cet état: la première nobleffe n'a pas honte de l'exercer: on cite une lettre d'un négociant de Hambourg à un Doge de Gênes, qui avoit cette adreffe: *al Sig. Nicolò . . . . . mercante di ferrarezza*

Doge di Genova: à Mr. Nicolas .... marchand de fer & Doge de Gênes: les profits du commerce ont mis les Génois en état d'acheter de grandes terres dans tous les différents païs de l'Italie avec titre de principautés, de marquisats, de comtés, de baronies: ils en ont en grande quantité dans les royaumes de Naples & de Sicile: les familles Genoises, qui y sont etablies, sont des plus riches du royaume: cependant elles ne sont que des branches cadetes de celles de Gênes. Outre les grandes familles qui sont leur séjour ordinaire dans la capitale, il y a encore quantité de marquis & de comtes qui demeurent dans les differentes villes & bourgs de cet état: j'en ai connu de très riches à Savonne, ville très marchande, à *Albenge*, à *S. Reme* & ailleurs. Le marquis *Boria* de *S. Reme* n'a pas moins de cinquante mille livres de revenu: les comtes *Sappia*, du même endroit, sont presque aussi riches: cependant *S. Reme* est un endroit qui ne produit exactement autre chose que des olives & des citrons: le commerce & l'industrie doivent donner le reſte. Il ne faut cependant pas s'imaginer que les olives & les citrons ne donnent que de petits revenus: les habitants de *S. Reme* m'ont aſſuré que le propriétaire d'un modique terrein gagne dans une bonne année de quoi vivre pendant dix ans de diſette. J'ai vu dans cette petite ville de *S. Reme* un bon nombre de matelots qui avoient ſervi ſur les vaiſſeaux anglois de la compagnie des Indes & qui ont été dans le Bengale & dans d'autres endroits où cette compagnie a des établiſſements. A une petite diſtance de *S. Reme*, il y a un bourg appellé *Langueggia*, dont les habitans vont en Calabre prendre les huiles des endroits où l'abordage eſt trop difficile pour les vaiſſeaux des autres nations: ces gens gagnent par ce trafic un argent immenſe.

On dit aſſez communément que les peuples commerçants n'aiment pas trop la vertu, & qu'ils ſe mocquent ſurtout de la générosité & de l'amour de la patrie: on voit à Gênes des exemples du contraire. Vous n'ignorez pas ce qu'a fait pour ſa patrie le fameux André *Doria:* il a mieux aimé la rendre libre, que d'en être le souverain : l'histoire nous fournit peu d'exemples pareils. Outre cela, on voit dans la grande salle du palais de la république un grand nombre de statues qui représentent des héros, dont les uns ont sacrifié leurs biens à leur patrie, & les autres l'ont secourue par d'autres bienfaits. La famille *Cambiasi* vient de dépenser plusieurs millions pour faire batir un chemin, qui facilite le commerce par terre de cet état : ses trésors sont ouverts à tous les gens industrieux & honnêtes. C'est bien autre chose que de fonder des couvents & des églises, & d'engraisser des fainéants.

LETTRE TREZIEME.

ROME le 1. Mars 1775.

Couronnement du Pape. Mufique pontificale: Cavalcade du S. Pere du Vatican à S. Marie Majeure. Mort du feu pape Ganganelli par le poifon: Cenfure de fon regne durant les fix derniers mois de fa vie. Pere Buontempi confident du Pape Ganganelli. Liaifon du pere Buontempi avec la Signoria Vittoria.... fentiments oppofés des Romains fur la conduite du feu pape. Bruits répandus contre lui par les jefuites. Difpofition des autres moines à fon égard. Sentiments de l'auteur fur ce même pape. Sa timidité principale raifon de fa mort.

J'ai vu le pape & la cérémonie de fon couronnement Cette cérémonie fut faite le vingt-cinq du mois paffé. Les Romains sont dans la persuasion que le couronnement des autres princes de la terre ne sont pas comparables pour la magnificence; à celui de leur pape c'est le préjugé ordinaire de tous les peuples ignorants: ils croyent bonnement, que tout ce qui se fait chez eux, surpasse tout ce qui se fait ailleurs. Quant à moi, je n'ai pas trouvé que la pompe de cette fête égalât celle que l'on voit, en pareille occasion, dans les autres cours de l'Europe. Le peu de troupes du pape, qui bordoient la place de St. Pierre, étoient bien habillées, comme elles le sont partout dans ces circonstances; mais la cavalerie avoit des sabres tout couverts de rouille: on voyoit un très grand nombre de carosses; mais il n'y en avoit que deux de vraiment superbes: c'étoient ceux du cardinal de *Bernis* & du cardinal de *Solis:* les carosses des autres cardinaux étoient lourds & lugubres, comme ils le sont toujours; & c'est ce que les Romains appellent majestueux. Le reste de la noblesse & de la prélature ne paroissoit pas s'être ruiné en fraix d'équipages ni d'habits.

La cérémonie même du couronnement consiste à habiller le pape, à faire une procession, à chanter une messe & à lui donner beaucoup de baisers sur toutes les parties de son corps, depuis les pieds jusqu'à la tête; car chez le Pape on doit toujours commencer par les pieds. J'ai voulu voir cette cérémonie toute entiere: à cet effet je me suis d'abord placé dans la chapelle sixtine du Vatican, ou je vis arriver Pie VI en habit ordinaire. Là il reçut de deux cardinaux diacres ses ornements pontificaux en présence des cardinaux, des ambassadeurs, des princes du trône & de quantité d'autres prélats & officiers de la cour. De là il fut porté, dans une chaise, sous le portique de l'église de St. Pierre, proche la *porte sainte*, par douze palefreniers habillés d'une robe rouge, longue jusqu'aux talons: le chemin du Vatican à l'église de St. Pierre n'est pas long, puisque ces deux bâtiments se touchent: cependant le pape y est toujours porté de cette manière, comme si le premier évêque des catholiques ne pût être qu'un goûteux ou un vieillard incapable de marcher. Ce n'est pas tout: deux autres palefreniers portent chacun un grand éventail de plumes de paon; qui, par le moyen de deux bâtons, sont attachés aux bras de la chaise, & qu'on fait continuellement remuer, tant en hiver qu'en été, comme si le Pape devoit toujours avoir trop chaud.

Sous ce portique il y avoit un trone où il resta assis, pendant que les chanoines & les bénéficiers de St. Pierre lui baisoient les pieds. Cela fait, il fut encore porté dans l'église par la porte du milieu, & placé sur le marche-pied du grand autel. Ce fut à cette occasion qu'on entendit pour la premiere fois les acclamations du peuple; & c'est aux femmes que Pie VI. en est redevable. Les femmes de Rome ne sont pas accoutumées à voir des papes si beaux & si frais que celui-ci. Lors donc qu'elles virent cette belle figure au teint de rose, elles s'écrièrent tout haut: *o quanto è bello!* comme il est beau! Ce qui porta enfin les hommes à crier *viva* & *benedizione*: car le peuple Romain demande toujours la bénédiction aux papes, ce qui lui tient lieu de pain, dont il manque très souvent. Bientôt après on fit la procession autour du Chœur, pendant laquelle un maître des cérémonies tenoit dans une main un cierge allumé & dans l'autre un baffin où il y avoit des modéles de palais & de châteaux faits avec des étoupes, auxquels il mit le feu par trois fois, difant à chaque fois, *Pater fancte, fic tranfit gloria mundi.* ô Saint pere, voilà comment la gloire du monde passe.

Après la procession on commença la messe pendant laquelle on lui mit le *pallium*, qui confère la plénitude de la charge pontificale; & après la messe le Pape fut porté à la loge appellée de la bénédiction, où le premier Cardinal diacre lui mit la tiare, qui est un bonnet conique orné de trois couronnes, posées l'une sur l'autre & enrichies d'une très grande quantité de pierres précieuses, en lui faisant un compliment qui sent un peu le despotisme oriental, & qui confiste dans cette formule: *reçois la tiare ornée de trois couronnes, & faches que tu es le pere des princes & des rois, le gouverneur du* monde, *le Vicaire de J. C. sur la terre, auquel soit honneur & gloire aux siécles des siécles.* Après cela Pie VI. donna deux bénédictions au peuple, par où finit la cérémonie, pendant laquelle le Pape reçut bien des baisers des cardinaux & des autres prélats. Les chanoines, les Abbés & les pénitenciers ne furent admis qu'a lui baiser les pieds: les patriarches, les archevêques & les évêques lui baisoient le pied & le genou: les cardinaux en corps lui baiserent une fois les pieds, le genou & la joue: ceux d'entre les cardinaux qui firent des fonctions plus particulières, comme de l'encenser, de lui mettre la mitre &c. le baiserent à l'estomac & à la joue gauche: une autre fois les cardinaux en corps ne lui baiserent que la main, & les évêques ne lui baisèrent alors que le genou droit. A le voir baiser si souvent & de tant de façons différentes, on croiroit que le Pape est la femme de tous les prélats.

La musique n'étoit composée que de voix: les Romains disent que c'est l'espèce de musique qui convient le plus à l'église & aux fonctions qu'on y fait. Je suis d'accord avec eux; mais parmi ces musiciens il y avoit des castrats; & dès lors je soutiens que c'est l'espèce de musique qui convient le moins à une église, & surtout à une église du Vicaire de J. C. L'église Catholique a en horreur cette sorte de musiciens: les canons de différents conciles ont prononcé l'anathême contre cet usage de châtrer les hommes. Il est donc très indécent que le premier évêque de l'église se mocque de ses canons, pour satisfaire à son plaisir. Et lorsqu'on fait tant que d'admettre dans les églises une musique indécente, j'aime mieux entendre des voix accompagnées d'instruments, que des voix toutes seules. En fait de musique d'église je n'ai pourtant rien entendu, & je ne crois pas qu'on puisse imaginer rien de si choquant que la musique françoise: quand vous entrez dans une église vous croyez être dans un ancien temple où l'on égorge des victimes : c'est un chant bien désagréable que la basse que ces prêtres françois affectent de chanter: le chant dur &

confus des protestans n'est pas, à beaucoup près, aussi dégoûtant.

Deux jours après le couronnement, je vis aller Pie VI en cavalcade du Vatican à Ste. Marie Majeure. Cette Cavalcade est une cérémonie qui plait, à ce qu'on m'a dit, à tout le monde; mais elle ne m'a pas plu. Les Seigneurs Romains à cheval, en cheveux courts, en habit noir, en manteau, en bas blancs, le chapeau sous le bras; de vieux Cardinaux au dos voûté, à la tête courbée; de vieux prélats de la même façon, tous en habit de cérémonie & en longs manteaux qui couvrent le corps du cheval; de beaux chevaux tout couverts de riches étoffes qui traînent jusqu'aux pieds, tout cela me paroit trop absurde pour me plaire.

Ce Pape a déja commencé à donner des preuves de la mauvaise opinion qu'il a du gouvernement du Pape *Gangarelli*: on assure qu'il s'est déclaré nettement contre tout ce que son prédécesseur avoit fait dans les derniers mois de son regne. Il y a bien des gens qui prétendent que le feu Pape a été empoisonné six mois avant sa mort, & que dès-lors il a eu l'esprit égaré. On dit aussi assez communément que dans les derniers mois Clément XIV se laissoit entiérement gouverner par le pere Buontempi, moine de son ordre, qui a toujours eu un grand ascendant sur lui. Ce pere *Buontempi* étoit gouverné lui-même par la signora Vittoria . . . . ainsi le vaisseau de St. Pierre a été réellement gouverné par une femme: ce qui ne doit pourtant scandaliser personne, parce que cet exemple n'est point du tout nouveau. Le Pere *Buontempi* étoit l'unique confident du feu pape, qui n'a jamais témoigné la moindre confiance en aucun cardinal, ni en aucune autre personne. Je remarquerai ici en passant que, quoique le pape ait des chambres de conseil, qu'on appelle consistoires à Rome; & quoique les cardinaux soient conseillers ordinaires du St. Siége, le souverain pontife n'est pourtant point obligé de demander leur avis, dans quelque affaire que ce soit; & s'il le demande, comme cela se fait ordinairement, il n'est pas tenu de le suivre: car le souverain Pontife est un Dieu en terre; & cela est certain puisque le Pape Nicolas l'a déclaré très-clairement dans la distinction 96 du Décret de Gratien & que le pape Boniface l'a repété dans la fameuse Extravagante (car c'est ainsi que les canonistes appellent certaines Bulles de certains Papes, non pas parce qu'elles contiennent des extravagances, comme on le croiroit en les lisant, mais parcequ'elles sont hors du Corps du Droit Canon, comme hors de raison) qui commence par ces paroles si connues: *unam sanctam & Apostolicam Ecclesiam.*

Je reviens au pere *Buontempi.* Il a été bien maltraité après la mort de son ami *Ganganelli*; & cela à cause de la *signora Vittoria*; ..... & de ce qu'elle lui a fait faire. Sans la protection de M. *Monino,* ministre d'Espagne, il auroit payé bien cherement tous les agréments qu'il a eu dans ses conversations avec sa belle. J'ai eu plusieurs fois l'occasion de voir cette femme; mais je l'ai trouvée horriblement laide; & elle n'est certainement belle qu'aux yeux du pere *Buontempi* : car tous les Romains la trouvent aussi laide, que moi. Je ne suis point surpris qu'un moine aime une femme ; car les décrets du pape Dieu n'ont heureusement pas le même pouvoir sur la force du corps, qu'ils l'ont sur la foiblesse de l'esprit humain. Mais ce qui m'étonne, c'est qu'étant confident du souverain Pontife, il ait pu se contenter d'une si misérable figure. Les Cardinaux qui n'avoient pas tant de crédit auprès de Ganganelli, sont bien plus délicats.

Les sentiments des Romains sur la conduite, le gouvernement & le caractère de Ganganelli sont très partagés. Le parti Jésuitique le fait passer pour une espèce de monstre : il l'accuse des crimes les plus honteux : s'il est vrai que ce soit ce parti qui l'ait empoisonné, il n'est pas étonnant qu'il employe ce moyen pour tranquilliser sa conscience & pour duper le public. Celles des femmes qui auroient voulu occuper, auprès du pere *Buontempi*, la place de la Signora Vittoria, & celles qui n'auroient pas voulu être gouvernées par une personne de leur sexe, disent que ce Pape étoit un imbécille: le parti anti-jésuitique soutient que *Ganganelli* étoit à la fois, un très habile politique & un saint dans tous les sens: il y a même des personnes qui prétendent qu'il a opéré des miracles sur elles, & d'autres qui assurent l'en avoir vu faire. Si les autres moines qui sont tous anti-jésuitiques, non par jalousie, comme on pourroit le croire; mais par zele pour la religion & pour la morale, étoient d'accord entre eux, ils feroient bientôt pancher la balance du côté où ils voudroient; mais ils ne l'aimoient pas parcequ'ils n'en étoient pas aimés. Cependant leur haine contre les Jésuites les a engagés à souffrir qu'on en dise du bien, sans en vouloir dire eux-mêmes. Mais ils permettent aussi qu'on en dise du mal. Ce Pape les a trop effrayés pour qu'ils consentent à fixer l'idée que la génération présente & les générations futures doivent avoir de lui. Durant son regne, le bruit s'étoit répandu qu'il vouloit réformer tous les ordres de moines: mais ceux-ci prétendent que c'est un attentat horrible contre la religion, que de tenter de les réformer, tout comme le prétendoient les Jésuites dans le tems qu'on les abolissoit. Quelque tems avant la mort de Clément XIV. les Franciscains de différents ordres, comme les Recolets & les Observantins, tinrent à Rome un chapitre pour y élire leur général. Je voyageois alors sur les routes de Rome; & j'y rencontrois presque tous les jours des peres provinciaux qui venoient de toutes les provinces de l'Europe à Rome pour ce chapitre. Le bruit couroit alors, que le Pape vouloit saisir cette occasion pour réformer les différents ordres de St. François, & surtout pour donner des culottes, des chemises, des bas & un habit propre & décent aux espèces de moines les plus malpropres & les plus dégoûtantes.

Ce bruit étoit d'autant plus fondé, que les gazettes de tous les païs avoient annoncé une prochaine réforme de tous les ordres monastiques. Il faut que je quitte ici le fil de mon discours pour vous apprendre ce qui avoit donné lieu aux gazettiers de répandre cette nouvelle. L'abbé . . . . Livournois de Nation & poëte du théâtre royal de l'opéra à Berlin, se mit un jour en tête de songer aux moyens de diminuer le nombre des ordres monastiques & de réformer les moines : il forma un projet qui lui plut si fort, qu'il voulut le rendre public & lui procurer une sorte d'authenticité. Pour cet effet il l'envoya au Gazettier de Clèves, en prenant le masque d'un homme qui se disoit être à la Cour de Rome & qui vouloit bien faire part au gazettier d'une chose si importante. M. Manzoni, gazettier de Cleves, homme d'esprit & très instruit, donna dans le piège. Il publia ce projet tel qu'il lui avoit été envoyé, en remerciant la personne qui lui avoit fait cette confidance importante, & en priant les personnes qui seroient dans le cas de savoir de pareilles choses, de les lui communiquer. Les gazettiers d'Hollande & d'Allemagne, qui ne vouloient point paroitre en savoir moins que celui de Cleves, se hâterent de publier le même projet mot à mot. D'autres gazettiers à qui cette nouvelle étoit parvenue trop tard, s'aviserent de lui donner un air de nouveauté, en difant que c'étoit le Roi d'Efpagne qui avoit formé ce projet; qu'il alloit l'exécuter dans fes états & qu'il avoit écrit aux princes fes alliés pour les déterminer à fuivre fon exemple. C'eft ainfi que les Gazettiers parviennent à favoir les fecrets de toutes les cours; & c'eft de ces fortes de nouvelles que font remplies la plupart des gazettes.

Tous ces bruits avoient donné beaucoup d'humeur aux moines Franciscains de toutes les efpèces : ils étoient cruellement irrités contre le pape : tous ceux que je rencontrois m'en demandoient des nouvelles dans la perfuafion où ils étoient que je venois de Rome : ils auroient voulu m'entendre dire qu'il étoit mort ou malade; & comme je ne pouvois pas leur donner cette confolation, ils en difoient beaucoup de mal & m'invitoient à les feconder. Il eft sûr que le pape avoit quelque bon deffein en tête à l'égard de ces moines; il lui étoit échappé quel'que propos à ce fujet en préfence du général de l'ordre & du pere *Malanotti* fon fécretaire. Mais ces diables de moines ont fait tant de bruit, ils ont tant murmuré, tant crié, que le pape qui étoit naturellement timide en a eu peur. Etant moine lui-même il savoit mieux que tout autre ce dont les moines sont capables : il les laissa partir de Rome, comme ils y étoient arrivés sales & maussades : ils avoient seulement changé de langage au sujet du pape, car à leur retour le pape *Ganganelli* étoit un homme sage, prudent, équitable, plein de probité : enfin il étoit tout différent de ce qu'il avoit été lorsque ces moines s'acheminoient vers Rome.

Mocquons nous, mon cher ami, des discours des Romains, des propos des moines, des calomnies des exjésuites, aussi bien que des miracles de *Ganganelli* : il a assez vécu ; & il a gouverné l'état & l'église assez long tems, pour que nous soyons en état de juger nous-mêmes de lui par ses actions. Nous savons qu'il a rétabli la petite marine de la Romagne ; qu'il en a réparé les ports ; qu'il a bâti des chemins nouveaux & reparé les anciens ; qu'il a établi des fabriques nouvelles, & fait venir des fabriquants & des ouvriers ;

qu'il a respecté les princes & cultivé leur amitié; qu'il a reçu gracieusement tous les étrangers de différentes religions qui venoient à Rome; qu'il a adouci la rigueur de l'inquisition; qu'il a arrêté la fureur des gens acharnés contre les auteurs de bons livres; qu'il fut le premier à omettre, dans la célébration du jeudi saint, la fulmination de la Bulle in *cæna domini*; ouvrage enfanté par le despotisme, l'orgueil & la folie de Pie V, & de ses successeurs. Tout cela doit nous suffir pour honorer sa mémoire, & pour juger avantageusement de sa conduite & de son regne en dépit des moines & des Romains. Il est à présumer que s'il avoit vécu plus long tems, il auroit fait plus de bien, & mis à exécution beaucoup de choses qu'il n'avoit que projettées.

Je suis persuadé que sa mort prématurée n'est venue que de sa timidité: s'il avoit d'abord exterminé les jésuites sans témoigner aucune crainte, & sans trainer en longueur, comme un homme qui ne sait pas prendre son parti, il auroit par la hardiesse & par la promptitude de sa resolution, intimidé toute cette cabale de façon que personne n'auroit osé en murmurer, encore moins attenter à la vie; mais sa crainte & sa circonspection ont inspiré du courage à ses ennemis: il leur a laissé appercevoir qu'il les craignoit, & ils ont voulu se faire craindre. C'est là assez généralement le caractère des Italiens: un homme hardi les fait trembler, un poltron les rend téméraires. Je vous parlerai une autrefois de la doctrine de *Ganganelli*; car tout ce qui regarde ce pape est intéressant, tant par ce qu'il a fait, que par ce qu'il a paru vouloir faire.

Je dois à présent vous demander une information. On a répandu ici un bruit auquel je n'ajoute aucune foi: on dit qu'un seigneur Romain de la première considération a été arrêté par ordre du gouvernement, dans la ville où vous êtes actuellement, & que de-là il a été envoyé en Espagne: tout le monde est ici dans l'opinion que c'est ce seigneur qui a empoisonné le feu pape, & que pour avoir le poison qu'il souhaitoit, il s'etoit adressé à un apothicaire de Venise; que la cour d'Espagne en ayant eu quelque soupçon, avoit fait proposer à cet apothicaire par son ministre à Venise de passer à Madrid au service du roi qu'on lui avoit supposé faire grand cas de ses talents, & que cet homme s'étant laissé éblouir par les promesses du ministre donna dans le piége & se rendit à Madrid, où on lui fit avouer son crime & nommer le personnage pour qui il avoit composé le poison; mais que ce seigneur ayant reçu à tems à Rome la nouvelle du départ de l'apothicaire pour Madrid, feignit de s'être brouillé avec sa femme & qu'il en partit sous prétexte d'aller dissiper ses chagrins par un voyage dans les païs étrangers. J'ai lu en effet dans les gazettes de Leyde qu'un Italien de qualité a été arrêté à la Haye; mais je ne crois pas encore que ce soit le seigneur en question, d'autant plus que sa femme a reçu depuis peu des lettres de lui; & je crois encore moins que les magistrats de Hollande voulussent se rendre à de pareilles instances. Mais quoiqu'il en soit, je vous prie de me mander ce qui en est, & de me dire le nom de cet Italien qu'on y a arrêté, aussi bien que la raison de son emprisonnement, & ce que l'on en a fait.

(335)

Pour satisfaire votre curiosité au sujet de la priere allemande, qui se trouve à la fin d'une bible manuscrite, traduite en allemand, que l'on fait voir au Vatican. Je vous transcrirai ici cette prière telle que je l'ai copiée moi-même, les bibliothécaires ne faisant point de difficulté à cet égard, parce qu'ils disent, quoique sans preuve, que la traduction & l'écriture sont de Martin Luther.

	Traduction Françoise
ô Gott durch deine gute	ô Dieu, donne nous par ta grace
Bescher uns kleider und hute	Des habits & des chapeaux,
Auch mentel und rocke,	Des manteaux & des robes,
Fette kalber, und bocke,	Des vaux gras & des
Ochsen, schaafe und rinder.	Boucs, des brebis & des
Viele weiber und wenig kinder.	Tauraux, beaucoup de
Schlecte speis und trank	Femmes & peu d'enfants;
Machen einem das jahr lang.	La mauvaise viande & le
	Mauvais breuvage rendent
	La vie ennuyeuse.

Quel que foit l'auteur de cette prière, on voit quel étoit alors l'esprit de tous les moines, puisqu'il n'y avoit qu'eux qui suffent écrire.

LET.

LETTRE QUATORZIEME.

Rome le 30 Mars 1775.

Doctrine du pape Ganganelli: comparaison de la doctrine de ce pape avec celle de Benoit XIV. jugement sur plusieurs lettres du pape Ganganelli: Canonisation des saints. Nouveau miracle très-remarquable de S. Thomas d'Aquin dans le couvent de Fossanuova. Miracle de S. Janvier. Miracle pareil de S. Jean Baptiste dans un couvent des religieuses à Naples. Jugement d'une religieuse sur ce miracle.

Les savants de Rome & les moines d'Italie ne veulent pas qu'on fasse aucune comparaison, pour la doctrine, du Pape *Ganganelli* avec le pape *Lambertini*: ils prétendent que ce dernier étoit un véritable savant, au lieu que *Ganganelli* n'avoit, selon eux, que la doctrine d'un religieux qui fait le métier de lec-

P

teur dans les couvents de son ordre. Il est vrai qu'on ne peut point faire de parallèle, parceque Clément XIV n'a rien publié qui puisse faire juger de l'étendue & de la solidité de ses connoissances. Benoit XIV, au contraire, a mis au jour beaucoup de lettres pastorales, des dissertations sur les fêtes & surtout un traité in folio de la canonisation des saints, que personne ne lit, parcequ'il est tout farci de sentiments pour & contre & tout cousu de citations; & principalement parceque tout le monde sait que quiconque a lâchement abandonné la société, renoncé à l'industrie & au travail, embrassé quelque ordre qui professe la fainéantise, mis à contribution tout le monde pour nourrir les fainéants qui sont à charge aux états, & témoigné beaucoup de zèle pour le St. Siège, est sûr d'être mis au nombre des saints, s'il y a seulement quelqu'un qui trouve son intérêt, comme cela ne manque jamais, à faire la dépense de cent mille écus Romains pour sa canonisation: & que par conséquent il est inutile d'écrire des livres sur ce sujet.

J'ai vu beaucop de lettres que *Ganganelli* à écrites dans les différents états par où il a paſſé avant de parvenir au trône pontifical: une très-petite partie de ces lettres ont été publiées; mais la plupart ſont encore entre les mains de ſes amis & de ſes correſpondants, dont quelques uns me les ont communiquées. Comme il n'a point publié de livres, j'ai jugé par ſes lettres qu'il étoit prolixe, & qu'il aimoit à donner des leçons ſur toutes ſortes de matières. Cependant il me paroît qu'il regne dans tout ce que j'ai vu de lui beaucoup de bon ſens: je trouve même qu'il ne craignoit pas de s'exprimer avec plus de liberté que ſon état de religieux ne le permettoit: il haïſſoit la bigotterie & les démonſtrations extérieures de dévotion: *ſi vous faites attention*, dit-il, dans une lettre qu'il adreſſe à une Daure, *aux perſonnes de votre ſexe qui dans une ſociété parlent mal de leur prochain, ce ſont ordinairement celles qui ſont habillées en brun*. Il n'aimoit ni les moines de ſon ordre, ni ceux des autres ordres: auſſi accordoit-il ſans la moindre difficulté la permiſſion de quitter le froc à ceux qui la lui demandoient. On prétend qu'il l'a donné à plus de quinze mille mécontents : les royaumes de Naples & de Sicile fourmillent de moines defroqués : il detestoit surtout leur oisiveté & leur aversion pour le travail : il disoit qu'à cet égard, ils pechoient tous contre leurs instituts : il se mocquoit de la doctrine Romaine qui attribue au Pape un pouvoir indirect sur le temporel des rois : il paroissoit connoître les bornes de l'autorité ecclésiastique en général & de celle du Pape en particulier : il aimoit les belles lettres & étoit versé dans les antiquités.

Cependant il possédoit au souverain dégré (car il ne faut rien dissimuler) les foiblesses ordinaires des savants d'Italie. Les lettres que j'ai vues de lui, fourmillent de jeux de mots & de ces pointes que les Italiens appellent *concettini* : elles sont remplies de lieux communs sur la morale, la politique, la religion & la philosophie ; & ce qui pis est, plus la personne à qui il écrit est éclairée, plus il donne dans ce stile affecté. Quand on considère de ce côté le commun des savants Italiens, on diroit qu'ils n'ont pas même le sens commun : ils font des dissertations sans fin sur les choses les plus familieres; & ils vous débitent des lieux communs avec une emphase & un air de si grande importance, comme si on n'avoit jamais rien dit de pareil, depuis la création du monde. Si vous êtes anglois, ils vous parleront de la constitution politique d'Angleterre, comme si vous ne faisiez que d'arriver de la Californie: si vous êtes Allemand, ils vous donneront des leçons sur l'état & le gouvernement de l'Empire, comme s'ils avoient affaire à un moine Espagnol: enfin ils vous étalent tout ce qu'ils savent, tant bien que mal, comme s'il n'y avoit qu'eux qui fussent en état de le savoir. Dans une lettre que le Pape *Ganganelli* écrit au *Gonfalonier* de St. *Marino*, qui est une république que vous aurez de la peine à trouver sur les cartes géographiques de l'Italie, il met très sérieusement en parallele les fardeaux d'un monarque avec ceux d'un *Gonfalonier*: passe encore s'il avoit fait une pareille leçon à un *Gonfalonier* de Lucques; mais pour un *Gonfalonier* de S. *Marino* cela est trop comique.

J'ai vu une lettre que Ganganelli a écrite à un milord Anglois, où il prétend justifier la cour de Rome sur la pratique de canoniser les saints, par l'extrême circonspection qu'on apporte, selon lui, dans l'examen des miracles & des vertus du candidat. Je n'ai pas vu la réponse de l'Anglois; mais je sais bien ce que j'aurois répondu à *Ganganelli*, si j'avois été dans la place du milord. Je lui aurois dit qu'un fou qui quitte la société civile & qui se met par là hors d'état de faire du bien à personne, un fou qui se tue par des veilles & par des jeunes extraordinaires, un fou qui se fouette *in gradu heroico*, ne peut & ne pourra jamais faire des miracles; & que par conséquent toutes les précautions, que l'on prend à Rome dans la canonisation des saints, ne sont que de la poussiere qu'on jette aux yeux du peuple, & des fourberies pour gagner de l'argent. Si les Sulli, les Henri IV, les Colberts & les autres grands bienfaiteurs du genre humain n'ont point fait de miracles; pourquoi Dieu accorderoit-il cette grace à des hommes qui quittent la société tout vivants, & ne font de bien à personne. Si la cour de Rome veut que l'on respecte ses saints, il faut qu'elle change les idées qu'elle a des vertus & des vices. Il faut qu'elle condamne comme vice ce qu'elle a regardé jusqu'à préfent comme vertu: il faut qu'elle mette fur les autels, ceux qu'elle a damnés jufqu'ici: il faut enfin que fes faints foient ceux qui font le plus grand bien à tout un païs, à tout un royaume, à tout le genre humain; & que les damnés foient ceux qui fe reduifent à l'impuiffance de faire le moindre bien; ceux qui fuyent les hommes & dont tout l'amour pour le prochain fe borne à donner de la foupe à des fainéants qui infectent l'état, au préjudice de ceux qui travaillent. Pourquoi ces prétendus faints de la cour de Rome ne font-ils jamais de miracles aux yeux des perfonnes éclairées, & également incapables d'être trompées ou fubornées? Pourquoi ces miracles ne s'opèrent-ils jamais que fur de vieilles femmes, fur des imbécilles de la lie du peuple, fur des fanatiques & fur des miférables fans aveu? St. Antoine fait à Padoue, s'il en faut croire les Padouans, treize miracles par jour; mais d'où vient que jamais aucun miracle ne s'est opéré sur un honnête homme? La persuasion des miracles de St. Antoine attire beaucoup d'offrandes à son église; car pour se rendre digne d'être favorisé d'un miracle, il faut avoir de la foi, & la foi se manifeste par les œuvres; mais les personnes éclairées aiment mieux payer après le miracle. J'ai été plusieurs mois à Padoue, parceque j'ai grand besoin d'un miracle; mais je me suis reservé de témoigner ma foi après le miracle, & ce miracle ne s'est pas encore fait. Il me paroit que c'est être bien indiscret que de prétendre être cru avant que d'être connu, & d'être payé avant que d'avoir rendu le service. Ces saints de la cour de Rome ne me paroissent ni honnêtes ni polis sauf le respect du aux véritables saints.

Il est vrai que les procès pour la canonisation des saints se font à Rome avec beaucoup d'appareil: on fait des recherches prodigieuses, des actes très-volumineux, des écrits pour & contre sans fin: celui qu'on appelle l'avocat du diable, fait tous ses efforts pour faire damner le candidat, tandisque l'avocat opposé s'efforce de le faire sanctifier; mais tout cela n'aboutit qu'à faire dépenser de l'argent à ceux qui s'intéressent à la canonisation; & cela est bien juste, puisque le saint les dédommage ensuite largement des dépenses qu'ils ont faites: c'est placer cent mille écus à cinquante pour cent.

Quand je fis mon dernier voyage à Naples, j'eus le plaisir de connoître personnellement un homme, qui a eu le bonheur de porter St. Thomas d'Aquin à faire un miracle éclatant. Près de *Piperno* qui est une ville de l'état ecclésiastique sur la route de Naples, se trouve l'abbaye de *Fossanuova*, où mourut St. Thomas en allant de Fondi au concile de Lyon. Les moines, qui sont de l'ordre de Citeaux, l'enterrèrent dans leur couvent; & le saint ne tarda pas à y opérer des miracles. Comme ce saint Docteur étoit de l'ordre de St. Dominique, les Dominicains jugerent à propos de faire bâtir un couvent dans la ville de *Piperno*, après quoi ils intenterent un procès à ceux de *Fossanuova* pour avoir le corps de leur confrère. Ces moines

répondirent que le saint leur apparte‑
noit, parceque sans eux il seroit mort
sur le pavé & que Dieu le leur avoit
fait avoir par un miracle. Car ce saint
étant tombé malade pendant son voya‑
ge, il descendit de dessus son mulet &
après avoir attaché la bête à son bâton
qu'il avoit enfoncé dans la terre, il
s'endormit dans un coin du bois pro‑
che de l'églife Dieu qui ne vouloit
pas que le saint mourut dans cet en‑
droit comme un malheureux, fit que le
mulet se détacha & courut à l'églife
où il entra si avant, qu'il mit les pieds
dans le chœur, & fut puni de mort su‑
bite. Les moines qui avoient été té‑
moins de ce fait, se mirent à chercher
le maître du mulet; & ils furent tout
surpris de voir St. Thomas prêt à ren‑
dre l'ame; car Charles I, Roi de Na‑
ples l'avoit fait empoisonner: ils l'ap‑
portèrent au couvent, où il mourut
quelques jours après. Malgré ce mira‑
cle, la cour de Rome décida le procès
en faveur des Dominicains, parceque le
roi de France les protégeoit. Le corps
fut adjugé à l'ordre de St. Dominique;
& à la follicitation du même roi de

France, il fut transporté à Toulouse. Depuis ce tems-là on a toujours été dans la persuasion que le corps de St. Thomas étoit tout entier en France. Mais un docteur de *Piperno* n'en fut point la dupe: il trouvoit qu'il eut été fort malhonnête à St. Thomas de se laisser transporter tout entier ailleurs, après avoir contracté une si grande obligation envers les moines de *Fossanuova*, qui avoient eu la charité de le nourrir pendant quelques jours & de l'enterrer dans leur couvent. Cette réflexion le détermina à aller tout exprès dans l'église de *Fossanuova*, à une heure où il étoit sûr qu'il n'y auroit personne: là il se mit à conjurer le saint, qu'il lui manifestât, s'il étoit vrai qu'il se fut laissé déterrer tout entier, & s'il n'y avoit pas du moins laissé quelques restes précieux de son saint corps. Dans le moment que le suppliant étoit dans la plus grande ferveur de sa prière, il entendit tout à coup frapper trois fois dans un coin de la muraille: il prit cela pour un signal du saint, qui vouloit lui marquer qu'il y étoit encore; mais de peur de l'importuner, il ne voulut pas insister davantage pour cette fois & s'en alla. Il y retourna le lendemain & le surlendemain & il entendit les mêmes coups dans le même endroit. Cela l'engagea à en faire part au supérieur du couvent, qui, en présence de ses moines, fit aussitôt ouvrir la muraille, où l'on trouva, au grand étonnement des assistans, un vase qui contenoit une tête au milieu de deux ampoulles. Sur le vase on découvrit cette inscription : *caput divi Thomæ Aquinatis :* sur l'ampoulle du côté droit on lisoit ces mots, *ex sanguine divi Thomæ :* sur l'ampoulle du côté gauche on lisoit ceux-ci, *ex adipe divi Thomæ :* on y trouva aussi un billet qui marquoit qu'un moine, dont je ne me rappelle plus le nom, avoit conservé ces précieuses reliques & substitué un autre tête à la place de la véritable, lors de la transportation du saint corps. Les moines pour s'assurer encore mieux de la vérité, approcherent les deux ampoulles de la tête du saint, & le sang ainsi que la graisse, qu'elles contenoient, commencerent à bouilloner. Cette expérience fut répétée en préfence de l'évêque & réuffit également. Les moines & l'évêque de concert, en firent alors part au S. Pere, qui autorifa l'évêque à approfondir le fait, & à ftatuer enfuite ce qu'il jugeroit à propos: car la cour de Rome remet toujours à la prudence des évêques les affaires des faints, qui ne rendent pas cent mille écus, comme les canonifations. Les reliques furent depuis portées en proceffion; & on inftitua une fête, qui devoit être célébrée par les *Pipernates* le jour de St. Thomas.

Le prieur des Jacobins me fit faire la connoiffance du docteur qui a déterminé St. Thomas à faire le miracle. Il m'a paru un homme fimple qui pourroit bien s'être laiffé tromper par les moines de *Foffanuova*. J'ai demandé à ce prieur fi fon couvent ne penfoit pas à renouveller le procés contre les moines de Citeaux pour la revendication de ces nouvelles reliques: il m'a répondu que ce feroit une témérité que de pretendre à ces reliques, puisque le faint a donné des marques fi évidentes de fon inclination pour le couvent de *Fossanuova*: les Jacobins ont jugé plus à propos de s'arranger avec les moines de ce couvent pour le produit de la nouvelle fête; ils font convenus qu'il se feroit une procession qui partiroit du couvent des Jacobins, où le peuple s'assembleroit, & que de là on iroit à *Fossanuova*, où un Jacobin feroit le panégyrique du saint. Ainsi les offrandes, qui font l'objet le plus important de la fête, se reçoivent dans l'église où la procession commence, & dans celle où elle finit. Voilà donc un rival de St. Janvier de Naples, qui, par l'adresse des moines de Fossanuova, y fait le même miracle, que celui-ci fait à Naples par l'adresse de l'archevêque & des Chanoines. J'ai connu à Berlin un habile chymiste qui faisoit faire ce miracle au sang des Luthériens & des Calvinistes. Lorsque j'ai été à Naples, je n'ai pas manqué d'aller voir le sang de St. Jean Baptiste, autre rival de St. Janvier, qui fait le même miracle dans une église de religieuses, appellée *Santa Maria Donna Romita*. A cette occasion une religieufe, que j'allois voir quelquefois, me dit, *viva S. Gennaro & S. Giambatifta: ma io fò che non c'è altro fangue che poſſa bollire ancora dopo morte, che quello delle monache:* vivent S. Janvier & S. Jean Baptifte; mais je fais qu'il n'y a pas d'autre fang qui puiffe bouillonner encore après la mort, que celui des Nonnes.

Fin du premier Tome.